劳动力市场分割的实证研究

吕康银 著

科 学 出 版 社

北 京

内 容 简 介

劳动市场分割问题在一定程度上是造成许多社会经济不公平现象的根源所在。本书对我国劳动力市场的城乡、行业和性别分割进行实证分析，在对我国劳动力市场分割的特点、结构、成因及规律的理论与实证分析的基础上，深入阐明了两类特殊的就业群体——大学生与农民工在劳动力市场中的现状及特征。本书在理论、方法及应用等方面丰富了关于劳动力市场分割的研究，有助于促进我国劳动力市场化进程，推进和谐社会建设。

本书适用于对我国劳动就业与收入分配问题感兴趣的所有读者，不但可以作为劳动经济学专业学生的教材和参考书，也可以为从事劳动经济学理论研究者提供借鉴和参考，还可以为我国劳动力市场的实践工作者提供决策依据。

图书在版编目（CIP）数据

劳动力市场分割的实证研究 / 吕康银著. —北京：科学出版社，2016.12
ISBN 978-7-03-051293-2

Ⅰ. ①劳… Ⅱ. ①吕… Ⅲ. ①劳动力市场–研究–中国 Ⅳ. ①F249.212

中国版本图书馆 CIP 数据核字（2016）第 311272 号

责任编辑：方小丽 李 莉 陶 璇 / 责任校对：刘亚琦
责任印制：徐晓晨 / 封面设计：无极书装

科学出版社 出版
北京东黄城根北街 16 号
邮政编码：100717
http://www.sciencep.com

北京京华虎彩印刷有限公司 印刷
科学出版社发行 各地新华书店经销

*

2016 年 12 月第 一 版 开本：720×1000 1/16
2016 年 12 月第一次印刷 印张：11 1/2
字数：231 000

定价：70.00 元
（如有印装质量问题，我社负责调换）

前　言

　　我国的市场化经济体制改革，客观上促进了市场发挥更大的资源配置作用。改革从产品市场到要素市场实行的是循序渐进的市场化，产品市场基本完善，劳动力市场作为一种重要的生产要素市场，其改革也取得了显著的成效。但是，目前我国宏观经济发展中的收入差距和失业问题，都与劳动力市场分割（labor market segmentation，LMS）相关联。

　　分割现象在世界各国是普遍存在的，只是形成分割时起主导作用的原因各有不同、形成机制也各有特点。我国的劳动力市场分割分为劳动力市场的初期建设阶段、分割的形成阶段和目前的多元化发展阶段，劳动力市场分割现象明显，尤其是城乡间、行业间分割更为人们所关注。制度因素是影响分割的主要原因，文化习俗、技术进步等因素也加剧了分割程度，表现为横向分割、纵向分割和供需扭曲并存。

　　本书对我国劳动力市场的城乡、行业和性别分割进行实证分析。

　　我国城乡居民收入差距逐渐扩大，目前城乡收入比已超过了3∶1。运用中国健康与养老追踪调查（China Health and Retirement Longitudinal Study，CHARLS）项目的调研数据，按照Oaxaca-Blinder收入差距分解方法，两者收入差距的52.9%可由它们在特征上的差异解释，这一部分收入差距在理论上是可以接受的；由系数引起的差异，即不可解释部分占47.1%，也就是排除了个体特征的影响之后由歧视产生的差距，在心理上是不容易被接受的，这也是造成社会不安定的一个因素。

　　改革开放以来，我国行业垄断程度不断增强，行业收入差距也日益扩大。本书的研究运用我国《中国统计年鉴》（1979~2015年）和《中国劳动统计年鉴》（2002~2014年）的宏观数据，以及本书设计的"劳动力市场状况调查问卷"的调查数据验证所有制垄断程度与工资水平之间的相关系数。相关系数达到0.684，相关程度较高，即在实际中确实存在所有制之间的分割现象。通过对行业工资差异的"两阶段模型"进行回归，劳动者个人特征、行业特征均对工资差异产生显著影响，而行业特征更为突出，人力资本外部性也在一定程度上深化了行业分割。

劳动力市场的性别分割体现在工作取得（就业机会）和劳动收入（工资水平）两个方面的差距。本书使用"中国妇女社会地位调查"的微观数据，验证了就业行业选择取向的性别差异上，说明性别是影响行业进入的重要因素。通过对1990年、2000年、2010年三次调查数据的收入差距分解研究发现，我国收入差距的性别分割一直显著存在，但是具有逐渐减弱的趋势。2000年男女收入差距的42.3%可以由个体特征，如受教育程度、经验等得到解释，57.7%是排除了个体特征的歧视引起的。2010年两者收入差距的77.2%可由其在特征上的差异得到解释，只有22.8%是由系数引起的差异，即歧视减弱，女性地位得到了经济意义上的肯定。

在一定程度上，劳动市场分割问题是造成许多社会经济不公平现象的根源所在。我国的劳动力市场分割具有较强的制度特征，研究劳动力市场分割的特点、结构、成因及规律，有助于促进我国劳动力市场化进程，推进和谐社会建设。

吕康银
2016 年 10 月

目　　录

第一章　绪论 ·· 1
　　第一节　问题背景与研究意义 ·· 1
　　第二节　主要内容与研究思路 ·· 3
　　第三节　研究方法与数据来源 ·· 5
　　第四节　主要突破及研究局限 ·· 7

第二章　劳动力市场分割概述 ·· 9
　　第一节　劳动力市场分割的基本理论 ·· 9
　　第二节　国外劳动力市场分割现象与研究 ··································· 11
　　第三节　中国劳动力市场分割的演变与现状 ································· 14
　　第四节　中国劳动力市场分割的特点与原因 ································· 18

第三章　劳动力市场的城乡分割 ·· 24
　　第一节　国内外研究进展 ··· 24
　　第二节　城乡收入及差距变化 ··· 29
　　第三节　数据与方法 ··· 33
　　第四节　城乡居民收入差距分解 ··· 36
　　第五节　结果分析 ··· 38

第四章　行业及所有制分割 ·· 41
　　第一节　相关研究进展 ··· 41
　　第二节　劳动力市场分割的存在性证明 ····································· 43
　　第三节　实证研究 ··· 54
　　第四节　劳动力市场行业分割的原因探寻 ··································· 73

第五章　中国劳动力市场性别分割······76
　　第一节　国内外文献回顾······76
　　第二节　劳动力市场的性别差异······80
　　第三节　数据与方法······87
　　第四节　收入差距的回归及分解······90

第六章　劳动力市场分割的经济学解释······97
　　第一节　个人偏见理论与劳动力市场歧视······98
　　第二节　垄断与劳动力市场歧视······99
　　第三节　搜寻成本理论与歧视······101
　　第四节　劳动力市场分割与失业······102
　　第五节　劳动力市场分割的社会成本分析······103

第七章　劳动力市场分割与大学生就业······107
　　第一节　大学生劳动力市场的基本状况······107
　　第二节　大学生就业及工资决定的经济学解释······112
　　第三节　大学生就业难的社会影响分析······123

第八章　劳动力市场分割与农民工就业······132
　　第一节　农民工劳动力市场的基本情况及其存在问题······132
　　第二节　劳动力市场分割下农民工就业障碍机制······146
　　第三节　新生代农民工的特点及其在劳动力市场中的作用······154

第九章　结论······158
　　第一节　关于劳动力市场的城乡分割······158
　　第二节　劳动力市场的性别分割······159
　　第三节　劳动力市场的行业分割······161
　　第四节　大学生就业与劳动力市场分割······162
　　第五节　农民工就业与劳动力市场分割······163

参考文献······164

后记······172

第一章 绪 论

第一节 问题背景与研究意义

20 世纪 70 年代以来，我国引进市场导向的经济体制改革，客观上促进了市场发挥更大的资源配置作用。我国的循序渐进式市场化改革路径，从产品到生产要素。在产品市场基本完善后，势必要求生产要素市场的发展也要跟上。随着劳动力市场的发育和户籍制度改革的深化，市场配置劳动力资源的程度加深（蔡昉和王美艳，2004），政府又主动清除阻碍劳动力流动的制度性障碍（宋洪远等，2002），我国劳动力流动增强。但是，劳动力市场扭曲并未彻底消除，制度性障碍依然存在，甚至部门分割还在加强（蔡昉，2005）。

向非国有经济开放的产业和由国有单位垄断的产业所构成的非农产业划分已成为分割劳动力市场的新结构（张展新，2004），不同劳动人口群体进入收入相对丰厚的国家垄断产业就业存在着机会差异。

如果劳动力在不同行业之间的流动受到了制约，那么就无法形成有效的聚集，分工和专业化的程度也会降低，因此压制总体的劳动力需求水平，会导致绝对就业数量下降。王德文等（2004）运用第五次全国人口普查资料分析发现，劳动市场分割是造成城市失业的主要原因之一，1997 年后出现的大量下岗工人，也是长期劳动市场分割造成的恶果。

失业影响经济发展和社会稳定。尽管引起失业的原因很多，劳动力市场分割却是造成就业困难且强化失业问题的重要原因之一。城乡二元劳动力市场、城市劳动力市场的行业分割等不仅障碍了劳动力就业在区域和行业上的准入，而且也阻碍了劳动力市场的进一步发育和效率增进，削弱了劳动力市场配置资源的功能。

收入分配不平等也是劳动力市场分割的一个最直接后果。将一个经济体系的不同部门分割开来，各个不同的部门会出现自我循环，而且还可能出现强势集团占有弱势集团的剩余价值，这是导致大部分发展中国家收入分配不平等的重要原因（徐林清和孟令国，2006）。

我国各省区之间的收入差距呈现比较明显的发散趋势，而且城市间的收入差距也未呈现收敛现象，进城务工人员与城市本地就业者在职业构成、生活条件、收入和福利条件方面存在明显的差距。流动人口不仅从事城镇居民不愿从事的工作，而且收入待遇远低于城市工人，城市外来劳动力与本地劳动力的工资差异中有59%是就业岗位间的工资差异引起的，41%是就业岗位内的工资差异引起的，并且工资差异的43%是歧视等不可解释的因素造成的（王美艳，2005）。在一定程度上，劳动市场分割问题是造成许多社会经济不公平现象的根源所在。

目前，劳动力市场分割呈现出多元化、隐蔽化的发展倾向。

我国以户籍制度为基础的劳动用工制度、社会保障制度、消费品供应制度将城市与农村的劳动力流动完全分隔。改革开放以来，我国劳动力市场发生重大变化，户籍制度有所改革，非国有制职工比例增多，劳动用工体制日益灵活，传统的城乡二元劳动力市场的分割不断减弱。但是我国经济转轨的过程是渐进式的，在经济市场化迅速推进的过程中，计划配置的手段仍大量存在于劳动力市场。户籍管理仍为我国人口管理的基本政策，国有制单位员工的终身制和效率低下问题还十分严重，行政垄断单位的高工资与低水平的服务在短期内无法消除。这些都说明，我国劳动力市场中制度性分割还很严重，这也是我国经济转轨过程中所特有的特征。

当前我国城市内部行业间存在显著的工资差异，工资差异在一定程度上反映了我国收入分配的不平等，而收入分配的不平等是垄断行业内部的行政性垄断造成的。垄断行业因缺少竞争机制，独占稀缺资源，实现了行业高工资，而高工资水平是行政垄断造成的，使得具有相同个人特征的劳动者无法得到同等的行业进入机会，最终导致了整个社会的低效率。分解行业工资，可以认清我国目前工资差异的现实主要源自行政垄断。同时，这也预示着引入竞争机制是消除行业工资差异的重要手段。正在发展中的西方劳动力市场分割理论，源自于西方相对成熟的市场经济社会，其对相对完善的劳动力市场分割具有一定解释能力。但是我国的劳动力市场发育尚不成熟，处于新旧体制转轨的过程中，劳动力市场分割的成因和表现形式都十分复杂，不仅存在由产业结构、技术进步、企业组织带来的市场性分割，而且更为突出地表现出一种体制性和制度性分割。而这种制度性分割与西方国家劳动力市场的制度性分割又有本质的不同，带有明显的计划经济制度下的路径依赖痕迹。因此，西方劳动力市场分割理论更多可借鉴的是其对市场性分割的理论探讨，制度性分割应该是本土性问题，国内学者对此展开了持续的探索。

改革开放以前，国家通过以户籍制度为主的一系列制度把劳动力市场分割成城市和农村劳动力市场两大块（赖德胜，1996a），并且对城市人口增长的严格控制，使城乡劳动力（理论上）可以各自体系内自行平衡（杨云彦等，2001）。蔡昉和王德文（2003）从理论与经验两方面论证了在城市本地及迁移劳动力之间存在的待遇差别是制度性的。我国户籍制度的独特性质，使得我国的国内迁移与大多数国家不同，更接近于国际非法劳工迁移的特征（Solinger，1999；Roberts，2000）。孟昕和黄少卿（2001）利用实际数据的经验性检验说明，工资差异大部分是职业内差异造成的。由于垄断行业的国有企业改革成效甚微，行业之间的劳动力市场分割增强（都阳和蔡昉，2004）。企业内分工细化，各工种之间明显地体现出劳动力的"专用性"特征，给劳动力流动增加了新的障碍（杨瑞龙和杨其静，2001）。

可以看出，近年来诸多学者对我国劳动力市场分割问题进行了研究，意欲揭示其转轨特征，但在此研究的基础上，仍需解释一些问题，如我国劳动力市场分割的程度和状态如何；我国的改革在哪些方面改变了原有的市场分割；目前的劳动力市场分割主要表现在哪些方面；这些分割是通过什么形式和机制存在着的，它们的演进规律如何；对我国经济差距及要素效率产生什么影响；等等。

本书主要研究劳动力市场分割的特点、形式、形成原因等，描述分割属性，划分分割种类，调查研究不同要素对市场分割的贡献度，有助于提出有针对性的政策建议，进而制定相关政策法规，培育更富弹性的劳动力市场，推进和谐社会建设。

第二节 主要内容与研究思路

本书的主要内容与研究思路如下。

首先，描述我国劳动力市场不完善的诸多现象，梳理其变迁过程，并总结劳动力市场分割在我国的现状和特征；同时，通过回顾劳动力市场分割的基本理论，综述国内外对劳动力市场分割问题的研究进展，找到本书的研究主旨，即实证研究我国劳动力市场多重分割的程度及内在机理。

其次，重点对我国劳动力市场的城乡分割、行业和所有制分割、性别分割的实证检验和成因探讨。本书的研究使用了各年份的统计年鉴、多个微观调研数据库，并结合自行设计的调研问卷，根据统计和计量方法，验证了我国多重市场分割的存在，并分解出各市场分割的程度差异及动态变化趋势。

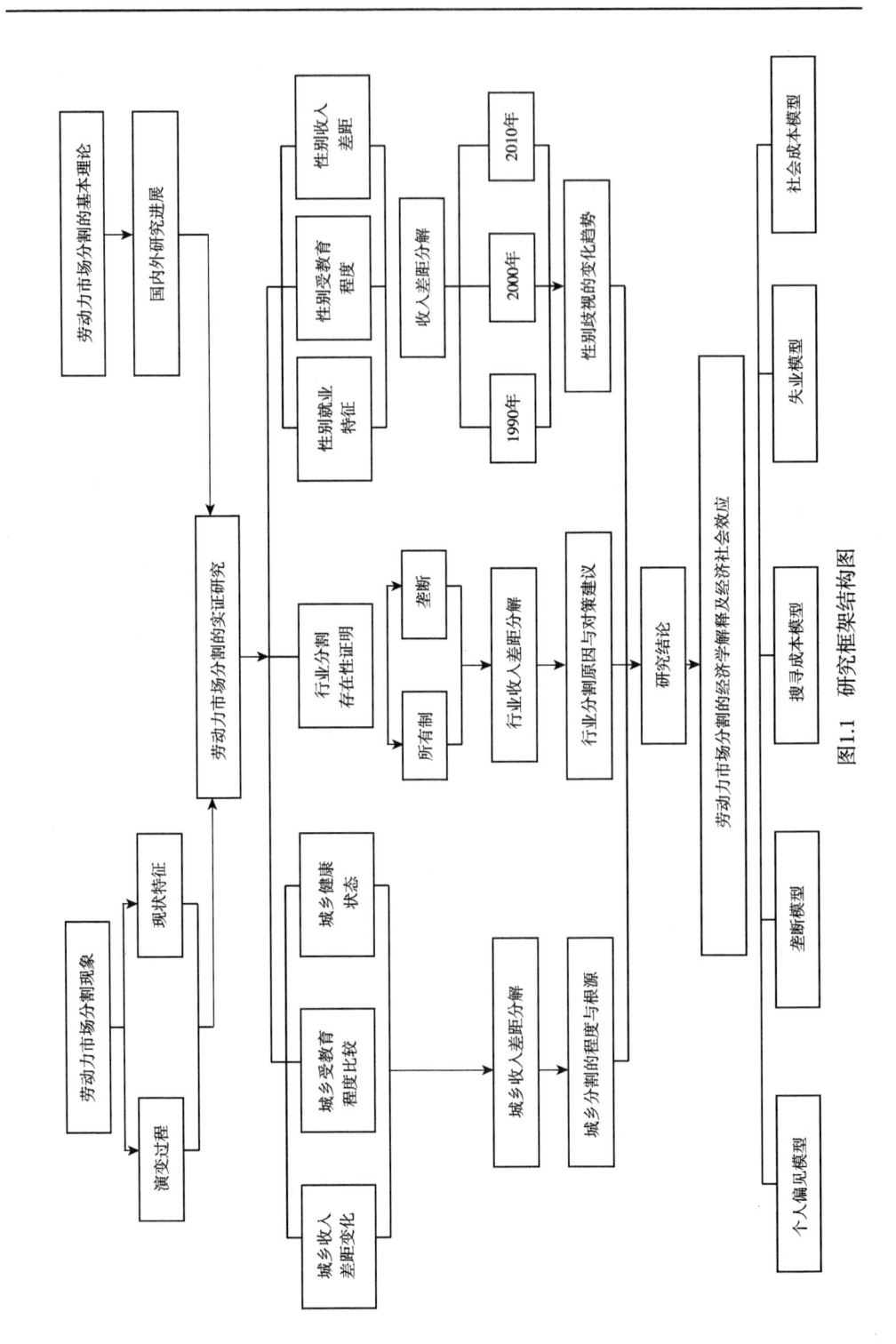

图1.1 研究框架结构图

最后，本书的研究根据经济学理论模型，验证各种分割的经济根源，并对其经济社会效应进行分析。

总之，本书的研究是在基本现象观察、多重数据分析、理论根源探讨的基础上，相对完整地刻画了我国劳动力市场分割的具体状况。

本书的具体研究思路见"研究框架结构图"（图1.1）。

第三节 研究方法与数据来源

本书的研究所使用的研究方法包括规范分析与实证分析、理论研究与实践研究、定性分析与定量分析、文献研究与政策研究等经济学、统计学、社会学多学科的研究方法。具体在每章研究内容中结合数据分析需要使用了不同的技术方法。

一、数据来源

（一）国家宏观数据

（1）《中国统计年鉴》（1979~2015年）和《中国劳动统计年鉴》（2002~2014年）等。

（2）第四次全国人口普查、第五次全国人口普查及第六次全国人口普查的数据。

（二）微观调研数据库

（1）"劳动力市场状况微观调查数据"。根据自行研究设计的问卷，对我国各地区的城镇劳动力市场状况进行调查，共收回1 018份问卷。该调查获得了劳动者个体的人口学特征和经济状况，如收入、性别、年龄、文化程度、工作经验、工作单位性质及职业性质和所属行业等。

（2）"CHARLS"。这是北京大学、中国自然科学基金委员会管理学部、美国老年问题研究院与世界银行共同资助建立的CHARLS项目的调研数据库。采用多阶段分层抽样，在所有阶段都是按照人口比例随机抽样，本书的研究使用样本为1 032个，其中城市户口样本为368个，农村户口样本为664个。问卷内容包括个人基本信息,家庭结构和经济支持,健康状况,医疗服务利用和医疗保险,工作、退休和养老金,收入、消费、财产,以及社区基本情况等。

(3)"中国妇女社会地位调查微观数据库"。由中华全国妇女联合会(简称全国妇联)和国家统计局委托的中国妇女社会地位调查,内容包括健康、教育、经济、社会保障、政治、婚姻家庭、生活方式、法律权益和认知、性别观念和态度9个方面。另外,还有儿童、老年、大学生、受流动影响人员和高层人才5个典型群体的专项附卷。调查涉及 1990~2010 年这 20 年间的三期调查数据,其中1990 年第一期数据样本为 942 个,2000 年第二期数据样本为 1 859 个,2010 年第三期数据样本为 2 342 个。

二、主要方法

(一)统计计量分析方法

本书的研究包括:基尼系数、变异系数、泰尔系数及泰尔二次测度指数计算;运用 Spearman 方法进行秩相关检验;运用 SPSS 13.0 对行业进行聚类分析;运用明瑟工资方程进行估计;运用 Engle-Granger 两步法进行协整检验;运用格兰杰因果关系检验分析、最小二乘回归分析等具体的计量分析方法。

(二)收入差距分解方法

Oaxaca-Blinder 方法是对不同群体间的工资水平进行分解,从而找出工资差异中有多少是劳动者个人特征造成的,有多少是制度性因素造成的,从而探究我国劳动力市场制度性分割的程度及其形成机理。

首先估计劳动者的收入函数。

$$\ln wage = X\beta + \varepsilon \quad (1.1)$$

其中,因变量 ln wage 为收入的对数;X 为个人特征的向量,包括受教育程度、婚姻状况、健康状况、性别;β 为相应的系数估计值;ε 为随机误差项。据此可以将劳动者的收入差异分解为可解释部分(由其特征、禀赋上的差异形成的),以及劳动者收入差异的不可解释部分,这部分收入差异无法通过个人特征上的差异得到解释,被认为是劳动力市场的歧视程度,体现了各层级市场的分割性。

分别对城乡、行业和性别差异的人群的平均收入对数进行估计,可得

$$\overline{\ln wage_u} = X_u \hat{\beta}_u \qquad (1.2)$$

$$\overline{\ln wage_m} = X_m \hat{\beta}_m \qquad (1.3)$$

其中，下标 u 和 m 分别表示劳动者所属类别；$\overline{\ln wage_u}$ 表示平均收入对数；X_u 和 X_m 为样本中解释变量的均值；$\hat{\beta}_u$ 和 $\hat{\beta}_m$ 为方程（1.2）和方程（1.3）的回归系数。城乡、行业和性别属性不同的劳动者之间的收入差异可以分解为

$$\overline{\ln wage_u} - \overline{\ln wage_m} = (X_u - X_m)\hat{\beta}_m + (\hat{\beta}_u - \hat{\beta}_m)X_m \qquad (1.4)$$

方程（1.4）等号右边的第一部分即为可解释的部分（特征效应）；第二部分则为不可解释的部分（系数效应），可以将系数效应视为对不同市场同质劳动者的收入歧视。

第四节　主要突破及研究局限

市场化改革使我国劳动力流动性日益加强，经济发展理论认为，劳动力流动会缩小收入差距。我国的实际情况如下：一方面，改革使劳动力的流动性明显增强（仅进城务工的农民工就由1985年的3 000万人激增至2005年的1.2亿人）；另一方面，收入差距却在扩大，全国的基尼系数由0.29上升至0.46，就业歧视和工资差距依然显著，劳动力资源无法充分合理配置，导致资源效率下降和社会福利损失。其本质是，我国存在复杂的劳动力市场分割，劳动力市场分割会影响市场效率，收入差距、市场分割和市场运行效率之间存在相互作用。

一、主要突破

（1）本书中，将劳动力市场的运行效率与市场分割联系起来，是对劳动力市场理论的进一步深入；将收入差距与劳动力市场的发育相结合，是对分配理论的丰富和扩展。本书的研究有助于完善我国劳动力市场化制度，推进市场化进程，提高要素的配置效率。

（2）多指标共同测度收入差距的成因，突破以往单指标研究的局限，有助于衡量收入差距与收入公平之间的关系；通过明瑟收入方程回归和Logit分析验证劳动力市场的工资收入差异与市场进入障碍，建立卢卡斯（Lucas）扩展模型、进行Oaxaca-Blinder分解，这是对劳动力市场分割定量研究方法的一个推进。

（3）运用宏观经济数据和微观调研数据库，并对劳动力市场进行多维度的微观个体抽样调查，形成比较系统的样本指标数据库，对补充现有该领域的基础数据做出贡献，也有利于今后的持续研究。

二、主要观点

（1）我国劳动力市场存在着性别、城乡、行业和所有制等多种角度的分割，分割影响劳动力市场的运行效率，阻碍劳动力市场化进程。

（2）劳动力市场分割是就业机会差异和工资收入差异的根本原因，解决劳动力市场分割可以消除歧视，同时还可以增加有效的就业机会，并提高总体工资收入水平。

（3）劳动力市场的效率差异会导致要素报酬的非均衡，造成收入差距的扩大；就业歧视影响幸福感，就业公平可以最大限度地提升居民幸福感。

（4）收入差距、市场分割、劳动力市场的运行效率之间存在着比较稳定的内在关联，解决劳动力市场分割是缩小收入差距、提高劳动力市场效率的根本途径之一。

三、研究局限与展望

首先，本书对行业与所有制分割、城乡分割和性别分割分别进行了实证研究，但是，在本书中，多数定量研究和分析使用的是微观数据，而且目前使用的微观数据库积累时间都比较短，因此，本书具有一定的数据局限性，未能很好地揭示劳动力市场分割的动态变化规律。

其次，本书只从行业、城乡和性别三个角度来分析劳动力市场的发育状况，并且在明瑟收入方程回归时采用的解释变量有限，会对差距分解结果的解释产生一定影响。如果这些解释变量不能充分代表劳动者的个人特征指标，那么在最后的分解结果里可解释的部分就有被低估的倾向，同时不可解释的部分（歧视部分）有可能被高估。

最后，认识收入差距的形成与演变，还需从不动产（如住房）价格等要素的作用全面考察，尤其是收入差距的流动性（收入阶层的动态变化），其是认识我国收入差距本质和趋势的主要视角，在今后的研究中，应注意中国特色的实践因素对我国收入差距的影响，逐步深入揭示我国劳动力市场运行的特殊规律性。

第二章　劳动力市场分割概述

第一节　劳动力市场分割的基本理论

20世纪60年代以来，一些经济学家放弃新古典劳动力市场理论的分析方法，转而强调劳动力市场的分割属性，强调制度和社会因素对劳动力报酬和就业的重要影响，这种理论被称为劳动力市场分割理论。

由于劳动力市场是一个非常复杂，受非经济因素干扰最多的市场，而新古典理论又不能合理地解释同质工人的报酬差别、失业和歧视等经济现象，因此其频频受到其他学派的攻击和责难，其中最有影响的是制度学派。他们认为，市场的力量"被软化、限制，甚至被社会及其他非经济性因素所替代"（Lester，1951）。该学派还认为，制度性因素（如内部劳动力市场和工会）以及社会性因素（如社会阶层和歧视）会分割劳动力市场，从而形成非竞争性群体，阻止了劳动力从一个部门向另一个部门的自由流动，因此，市场因素在决定工资和劳动力资源配置方面的作用和效率远不像新古典学派认为的那么理想。劳动力市场分割理论作为制度学派的重要代表，正是在与新古典学派的争论中产生和发展起来的。

从历史渊源看，劳动力市场分割理论源头可追溯到约翰·穆勒的年代。穆勒曾公开反对亚当·斯密关于劳动力市场具有竞争性质的学说，因为他认为社会的、职业的及空间的转移障碍使工人在劳动力市场上流动非常困难。现代分割理论的起源受到马克思主义经济学、新制度经济学和结构主义学派思想的影响，主要从两方面展开：一是对城市劳工及贫困问题的研究，新古典理论提出的依靠提高个人人力资本以消除贫困和收入不平等的美好前景难以实现，激发了人们从事这方面的研究；二是对历史现象的研究，如劳动力市场中不同肤色、不同性别的劳动力，即使他们的生产率相同，收入却相差很大，这些现象也是传统劳动力市场理论所无法解释的。

分割理论分支较多，其中 Doeringer 和 Piore（1971）最早完整地提出二元劳动力市场理论，是分割理论中被引述最多的一种，并成为分割理论的代表。二元劳动力市场理论认为，市场被分为两个部分———一级市场（primary segments）和二级市场（secondary segments）。两个市场在劳动力资源配置和工资决定方面各具特点：一级市场工资较高，工作条件优越，就业稳定，安全性好，作业管理过程规范，升迁机会多；相对而言，二级市场工资较低，工作条件较差，就业不稳定，管理武断且粗暴，无个人升迁机会。这种二元结构的差别是明显的。

但是，分割理论自出现之日起就受到正统理论的批判，被认为"对新古典理论的批判能力远远强于理论本身的完整性和逻辑性"（Cain，1976），并缺乏实证检验。20 世纪 80 年代以来一些经济学家（Dickens and Lang，1985）开始运用新的理论和实证工具对分割的劳动力市场进行研究，并取得一系列新的进展，这被称为分割理论的"复兴"。林德贝尔（A. Lindbeck）和斯诺尔（J. Snower）的"内部人-外部人"模型（insider-outsider model）对二元劳动力市场做了很好的分析（Lindbeck and Snower，1986）。罗伯特·索洛（Solow，1986）运用议价机制（bargaining）模型对一级劳动力市场做了说明，所谓"议价机制"是指工资不由劳动的边际生产率决定而由企业和代表工人的工会进行谈判决定。Shapioro 和 Stiglitz（1984）创立了著名的效率工资（efficiency wage）劳动力市场模型，在信息经济学的基础上解释了非自愿失业的现象。2001 年，斯蒂格利茨（J. Stiglitz）因对信息经济学做出贡献获得诺贝尔经济学奖。效率工资理论也成为现代劳动经济学及微观经济理论的重要组成部分。

近几年来，经济学家又以议价理论和效率工资理论为基础，构建了更为精巧的经济模型，从其他角度对分割的劳动力市场做了进一步的阐述。Smith 和 Zenou（1997）认为二元劳动力市场是内生的，并认为其与市场中大规模失业密切相关。Gottfires 和 McCormick（1995）用其所建立的新数学模型解释了分割市场中的歧视和失业现象。总的来说，分割理论框架更为严密，分析更具现实意义。因为分割劳动力市场理论的特殊学术地位，"分割的劳动力市场"一词作为新增条目被收进了第三版的《新帕尔格雷夫经济学大辞典》。直至今天，有关分割理论的应用和发展、批评的论文和观点依然经常见诸国际权威性经济学杂志。

虽然劳动力市场分割理论流派众多，但根据 Ryan（1984）的观点，大部分劳动力市场分割理论都支持以下三个核心假说：一是整个劳动力市场可分为少数几个明显不同的子市场；二是流动障碍阻碍了劳动力在各子市场间的自由流动，因而意味着劳动力市场是非出清的；三是不同子市场中的工资决定和劳动力配置机制各不相同，新古典人力资本理论在较低端子市场中的适用性不强。

关于分割理论（第一个假说）需要注意子市场的数目和怎样划分子市场。早期分割理论认为存在两个子市场，但在后文中，这并不为经验证据所支持，因而需要更精细的分割理论将对劳动力市场进一步细分。虽然许多经验文献中使用基于行业或职业特征的标准对劳动力市场进行划分，但这类划分方法忽视了同一行业或同一职业中存在分割的可能性。所以一些学者主张，较合适的策略是不做事前的市场划分，因为市场的划分应当是由内生决定的。

因此本书的研究并不以二级市场类型作为验证分析市场分割的依据，而是分别从市场主体的各个特征属性出发研究分割的作用。

第二节 国外劳动力市场分割现象与研究

亚当·斯密在《国富论》里认为，在市场这只"看不见的手"的作用下，自由竞争会使资源的配置达到效率最大化。在传统的主流经济学的研究者看来，劳动力市场的运行也是如此：在劳动力市场中，劳动力供求双方都面对完全的信息，需求方会知道所有劳动力供给的数量和质量，其根据劳动力的边际生产力决定雇用与否，以及根据边际生产力给予工资；供给方也知道所有的需求方的信息以及工作职位信息——职位的要求及报酬，其会根据报酬去选择适合自己的职位。在这样的机制中，所有的需求和所有的供给会得到相应的结合。

但是，事实上纯粹如此运作的劳动力市场是不存在的。首先，完全的信息是不存在的，对于供求双方来说，信息是不对称的。其次，选择的指标也不是单纯的。劳动力需求方选择劳动力的标准不仅仅是边际生产力，并且边际生产力也只能是一个借助其他指标才能判断的经验性估计。另外，供给方对职位的选择也不是仅仅考虑报酬。最后，工资往往也不是仅仅取决于员工的边际生产力。相反，在劳动力市场当中，供求双方的相互选择会受性别、种族、民族、家庭出生、信仰、工会及许多政策法规等因素的影响。上述因素的一种，甚至多种相互作用，形成束缚，这种束缚使劳动力市场出现分块（块与块之间的界限并不是清晰的）的现象，在不同块的劳动力市场中，供求双方，尤其是劳动力供给方的选择自由度并不相同，也就是说其可能可以自由进出某块劳动力市场并享受与这个市场其他大部分人相似的待遇，但是也可能会在进入其他劳动力市场中受到很多的限制或者遭受到不公平的待遇，并且横向比较起来，不同块的劳动力市场的平均报酬及工作条件会有差异。我们把这种现象称为劳动力市场的分割。

新古典劳动力市场理论从供给方和劳动者个人人力资本的角度认为，二级市场工人的劳动报酬之所以低下，是因为他们素质和生产率较低，而低能力低报酬正是竞争性劳动力市场的特征。而二元劳动力市场理论则强调需求方和制度性因素的重要影响。他们承认一级市场上劳动力的素质要普遍高于二级市场，但关键问题是各个工作间的工资差别大大高于劳动力的素质差别。很多二级市场的工人不能进入一级市场并不是因为他们缺乏必需的生产能力，而是因为一级市场的雇主和工人拒绝接纳他们，对他们采取雇用歧视的态度。所以分割理论认为，尽管劳动力的供给方的确可以发挥一定的影响作用，但就其影响程度而言，远不及劳动力的需求方，也不及社会制度因素在解释此类现象时更有说服力。他们认为，一级部门的内部劳动力市场的运行并不是依据利润最大化的原则，而是制度规则代替了市场竞争。工会在一级部门发挥了积极作用，工会的作用不仅是提高工资和限制就业，而且在提高工人劳动生产率方面也发挥了正向的反馈作用。不同的市场有着不同的报酬和激励机制，因此个人素质相似的工人获得不同的收入，二级市场的工作会给工人带来负向的反馈作用。

由于完全竞争的劳动力市场是不存在的，无论是什么样的国家，发达的还是欠发达的、资本主义的还是社会主义的、市场经济的还是计划经济的，其劳动力市场分割的现象都是普遍存在的，区别是特点和成因有所差别，或者是其是否显现出来。

最初二元劳动力市场理论就是起源于20世纪60年代末对美国劳动力市场的研究，其后的一些研究证明，在成熟的市场经济中，劳动力市场分割及其包含的诸如工资决定机制及工资水平的差异、劳动力流动缺乏等问题确实存在。Orr（1997）通过对59个城市的劳动力市场进行研究后，证实了美国劳动力市场分割的存在性。他在研究中首先划定了一级劳动力市场和二级劳动力市场，然后分别从两个市场中选取样本，并确定了个人受教育年限、工作经验、在职培训、年龄、性别、种族6个指标。研究发现，性别歧视在劳动力市场中广泛存在，而黑人和白人之间的收入差距部分归因于种族歧视导致的劳动力市场分割。同时，在人力资本投资收益方面，一级、二级劳动力市场中的收益平均比一级劳动力市场低30%，甚至在部分大城市，二级劳动力市场的人力资本投资收益几乎为零。另一个重要的结论是，一级劳动力市场的劳动者在早期收入上升较二级劳动力市场的劳动者要慢，且较晚达到收入顶点，但在到达顶点后收入下降的速度也要更慢一些。

英国的Psacharopoulos（1978）、McNabb和Psacharopoulos（1981）运用职业评级对同一数据样本来划分子市场，然后对各子市场分别估计了工资方程，用扩展的人力资本模型（即自变量中包括代表工人所处行业的虚拟变量）发现，两个子市场的工资决定方式有区别，但受教育年限和劳动力市场经验的影响，其在两个子市场中都对工人的收入有显著为正的影响。McNabb（1987）依据每个行业中女性工人所占比例和每个行业中未加入任何形式的集体谈判协议的工人所占的比例将英国的各行业分为"核心"与"边缘"部门后，并未发现支持分割理论的有力证据。Sloane 等（1995）运用前述两大类检验方法对英国的六个地区劳动力市场进行研究，结果发现，除了在其中一个劳动力市场运用转换回归模型的检验结果支持分割理论外，总的结论是不利于分割理论的。显然，在上述作者看来，英国的劳动力市场并不存在需要特别加以关注的分割现象。然而，McNabb 和 Whitfield（1998）运用因子分析法确定了样本中五类不同的企业，并发现各类企业的特征符合分割理论的描述。总之，经验证据支持分割理论，但劳动力市场分割的性质要比简单的二元模型复杂得多。

　　日本的劳动力市场也表现出明显的分割现象（陈建安，1999）。首先，日本的性别歧视是这个国家的传统，女性在这个国家中的地位低微使她们在求职时受到许多条件的限制，工资也比男性要低得多。其次，在日本这样一个被各种各样高新技术武装起来的国家里，依然存在一些传统经济产业，其中大多为低技术、低生产率的中小企业，而那些被高新技术武装的都是大型企业甚至是跨国公司。产业的差异直接造成了劳动力市场的分割，后者形成了高工资和较好工作环境的一级劳动力市场，前者则形成了低工资和较差工作环境的二级劳动力市场。最后，在日本，内部劳动力市场是十分典型的劳动力配置方式。终生雇用、年功序列制及企业内工会早已被了解日本企业文化的人熟知，也被认为是日本经济成功的重要工具。然而，正是这种用工方式使日本的内部劳动力市场得以形成，即劳动力一旦进入企业后将不会离开，因为"职业阶梯"或者说"等级制度"使其离开的决策注定是亏本的买卖，而企业内部的空缺岗位往往通过内部升迁来解决。当然，日本式的"效率工资"中还包含着某种人文情怀，如企业对员工如同家庭成员般的关怀和精神鼓励，就像提高了无形的工资水平，而员工的"不忠诚"行为，也不会为其他任何企业所接受，于是员工跳槽也是困难的。

　　欧盟的劳动力市场分割分为功能性分割、制度性分割和区域性分割（赖德胜，2001），而且制度差异是导致欧盟内部劳动力市场分割的主要因素。欧盟成员国的劳动制度是不同的，一般而言，北欧国家的工资水平和福利制度对劳动力更具有吸引力，而南欧国家在工资和福利方面水平比较低，这就造成了南欧国家的劳动力向北欧国家流动。然而，一方面，北欧广大人民群众不希望南欧的劳动力带来本国劳动力市场竞争的加剧，从而降低工资和福利水平；另一方面，欧盟各国的最低工资制度、社会保险制度、集体谈判制度、职业资格认证制度等因素，也阻碍了劳动力在国家之间的流动。虽然欧盟的目标是建立一体化的市场，包括货币市场、商品市场和要素市场，但是主权因素在欧盟内部暗流涌动，使劳动力市场依然处于分割的状态。

通过对美国、日本、欧盟的劳动力市场分割现象的分析可以发现，无论是社会性分割、内生性分割还是制度性分割，在发达的市场经济国家都是普遍存在的。

波兰作为原社会主义国家，其劳动力市场分割的情形与中国有些许相似。Domanski（1990）的研究认为，波兰国内的工资分配在产业间具有明显的差异。波兰产业间的工资差异与人力资本之间相关度不高，而重工业的战略地位对工资差异却具有较强的解释力。这种产业间的工资差异，主要是由于第二次世界大战后波兰政府在中央计划经济体制的基础上制定了优先发展重工业的战略，给予这些企业很多倾向性的政策，产业整体的工资水平得以提高，而其他产业的工资水平停留在一个较低的水平上。同时，中央计划经济体制也决定了劳动者无法在产业间自由流动，更无法通过供求关系来平衡这种工资差异，这是一种典型的制度因素导致的劳动力市场分割。

印度孟买劳动力市场（Mazumdar，1983）的研究发现，代表工人就业部门的变量对收入差异的解释力最强，但是在各子市场中对教育的回报都是显著的且差别不大。Mazumdar（1983）在他所研究的两个劳动力市场（孟买和马来西亚）中发现，非正规部门工人的向上流动性很弱劳动力市场分割还是存在的。

哥斯达黎加作为一个发展中国家，二元经济结构的特征非常明显，在国内大量高新技术公司和私人作坊并存。Gindling（1991）研究发现，在该国部门之间的工资差异无法用人力资本来解释，同时作用于各个部门的工资决定机制不存在；另外，劳动在各部门之间的流动呈现出越来越难的趋势。在哥斯达黎加，城市经济大体上可以划分为国有部门、私有正规部门和非正规部门。研究发现，具有相同人力资本的劳动者在国有部门和私有正规部门之间的工资差异达20%~30%，而私有正规部门和非正规部门之间也有15%~29%的工资差异。

通过对以上不同类型国家的劳动力市场分割的简单分析可以发现，分割现象是普遍存在的，差别仅仅是不同国家历史传统、文化背景、社会制度、政治体征、经济发展阶段等因素的差异，在形成分割时，起主导作用的原因各有不同、形成机制各有特点罢了。

第三节　中国劳动力市场分割的演变与现状

根据劳动力配置机制不同，我国劳动力市场随着社会经济的发展而演进变化，本书根据其分割的状况和特点，将我国劳动力市场发展大致划分为三个阶段。

一、劳动力市场的初期建设阶段

1949~1958 年，新中国成立到社会主义改造完成，我国实行的是政府分配与市场自由配置相结合的就业政策。虽然政府没有实行统一分配的就业政策，但是企业在可以自主雇用工人的同时并不能随意解雇工人，同时政府开始对中学、大中专院校的毕业生实行计划分配，安排他们到国有部门就业。城市居民以自由选择的方式在非正式部门中就业，农民可以根据自己的实际情况选择从事农业生产还是到城市务工，可见城乡居民在劳动力市场中的流动原则上受到了法律的保护。1954 年颁布的《中华人民共和国宪法》明确规定，"中华人民共和国公民有居住和迁徙的自由"。虽然公安部在 1951 年 7 月 16 日颁布实施了《城市户口管理暂行条例》，规定城市一律实行户口登记，加强人口统计工作，但是政府并没有限制居民的迁徙自由，只是从治安和社会管理的角度加强了对居民居住和流动的管理。不过，政府计划安排城市居民就业的体制开始初步显现，二元经济制度开始体现在就业领域。

二、劳动力市场分割的形成阶段

1958~1978 年，社会主义改造的基本完成和计划经济体制的逐步确立，政府分配和市场自由配置相结合的就业政策逐渐被完全由政府分配工作的就业形式所取代。1958 年颁布的《中华人民共和国户口登记条例》明确规定，"公民由农村迁往城市，必须持有城市劳动部门的录用证明，学校的录取证明，或者城市户口登记机关的准予迁入的证明，向常住地户口登记机关申请办理迁出手续"。这一方面标志着政府限制流动（特别是城乡流动）的二元分割的户籍制度基本确立，另一方面也意味着政府在城乡居民就业的问题上掌握着决定权。1975 年，《中华人民共和国宪法》正式取消了有关迁徙自由的表述，从法律的角度来看，在根本上否定了城乡居民迁移的可能性。除了上大学和参军之外，农村居民向城市迁移并获得就业机会的可能性几乎不存在，城乡劳动力市场分割已经形成。

同时城市中的劳动力市场分割也开始形成。从另一个角度来讲，当时并不存在真正意义上的劳动力市场，因为当时不承认劳动力作为商品的属性，通过市场来配置劳动力更无从谈起。这就从根本上决定了在城市经济部门，劳动力也无法自由流动。另外，由于计划经济体制以及优先发展重工业的产业政策等制度因素的存在，劳动力被人为地、或者说被各种制度及政策安排在各个地区和行业中，被动地接受差异化的工资收入和福利水平，即使发生了劳动力的流动和转移，那也是政府或者管理部门计划安排的结果。

三、劳动力市场分割的多元化发展阶段

如果说1978年之前的劳动力市场是由制度造成的分割的二元劳动力市场，那么伴随着改革开放后的我国市场化进程，劳动力市场运行机制也发生了根本的变化，但是劳动力市场不是一蹴而就可以建设和完善的，因而伴随着我国的市场化改革，一方面，我国的劳动力市场分割逐渐弱化；另一方面，劳动力市场分割从单纯的二元制分割发展为多重分割，呈现出劳动力市场分割多元化和复杂化趋势。

在改革开放的最初几年，劳动力市场的运行方式并没有发生什么实质性的变化，基本上还延续着改革之前的分割状态。城市居民依然享受政府包分配的就业方式，可以进入政府机关、事业单位、国有企业或集体企业就业，不用担心被解雇或者任何形式的失业，享受着稳定的工资收入，特别是拥有与其城市户口身份相适应的社会福利和社会保障，如单位分配住房、公费医疗、免费教育等。有所区别的是，同样在城市中，明显存在着不同部门的工资收入和社会福利水平的差异。由于政府依然掌握着就业的决定权，低收入水平的城市居民此时还几乎没有办法通过劳动力流动进入那些高收入的部门工作。在农村，虽然家庭联产承包责任制使农民收入有了一定程度的提高，但是城乡收入的差距还是明显存在的，而社会福利和社会保障对于农村居民来说几乎不存在，城乡居民依旧被分割在不同的劳动力市场上。因此改革初期劳动力市场分割状态没有改变。

1986年国务院颁布《国营企业实行劳动合同制暂行办法》，扩大了企业在使用劳动力方面的自主权。但是城市居民的就业方式并没有发生什么根本性的变化，他们还是在政府的安排下进入各种用人单位工作，依然稳定地享受着较高的工资收入和社会福利。而来自农村的工人却面临着与城市工人不同的境遇，他们随时会失去工作，并且工资较低，几乎无法享受任何社会福利和社会保障，这一点至今都没有彻底改变。在城市出现双元结构的劳动力市场，城市居民和来自农村的工人被分割在两个劳动力市场上，面对着差异化的收入水平，却因为户籍因素而无法流动；劳动力价格不完全由劳动力供求关系决定，非经济因素相当明显；社会福利和保障水平差异较大。

20世纪90年代后，我国劳动力市场分割的结构虽然没有实质性的变化，但

是在市场结构内部则呈现出一些新的特点。首先，城市居民基本失去了政府的庇护，他们也需要在劳动力市场上靠自己的努力来求得一份好工作。随着1993年国有企业开始实行职工下岗制度，原来城市居民就业只进不出的情况发生根本改变。在快速发展的非公有制部门里，就业基本是通过市场机制决定的，因此工资水平相比政府机关、事业单位和国有企业有一定差距，并且在社会福利和社会保障方面面临较大的损失。这样，城市居民也有一部分人进入城市二级劳动力市场。在农村方面，农村非农产业有了快速发展，农村劳动力市场开始出现了分化，从事农业生产的农村居民和从事非农生产的居民分割开来。加上城市的劳动力市场分割，此时的劳动力市场呈现出四元分割的情形，即城市分为一级和二级劳动力市场，农村分为农业和非农业经济部门。

进入21世纪后，我国城乡间的劳动力市场分割的大格局没有改变，但是在各自市场的内部则进一步发生着意义深远的变化。

首先，在劳动力城乡流动方面出现了两股方向相反的力量。一方面，中央政府为了解决长期困扰中国社会发展的农村问题，开始采取实质性的措施放松对农村劳动力流动的管制，鼓励农民到城镇打工就业。同时中小城市也响应中央政府的政策，开始拆除种种限制农村劳动力流入的樊篱。另一方面，大城市由于日益面临城市居民的就业压力和城市环境恶化、城市容量饱和的困境，一再为外来劳动力（特别是农村劳动力）流入设置障碍，虽然不再明文规定不允许外来劳动力流入，但是仍采取一些严格的管理措施，客观上提高了劳动力流动的成本。但是从大趋势上来讲，城乡之间的劳动力市场分割状态正在缓慢地弥合。

其次，城市劳动力市场内部也发生了明显的变化。随着20世纪90年代末我国各类企业的现代企业制度的基本形成，除了政府机关、事业单位和大型国有企业之外，各类企业更多地通过市场机制来雇用劳动力，制度因素在城市劳动力市场中的作用逐渐减弱或发生变化，特别是随着社会保障制度的进一步完善，非国有企业也开始被要求向员工提供社会保障，于是，在城市，不同类型的用人单位在就业体制上大多体现出通过市场配置劳动力资源的特征，而制度造成的就业体制的差异从而导致劳动力市场分割的范围正在逐步变小。

最后，城市劳动力市场中内部劳动力市场的形态开始呈现。随着市场化的不断深入，一些大型企业，特别是带有外资背景的企业运用内部劳动力市场的机制雇用劳动力、并对内部员工进行培训、选拔；与之相对的一些中小型企业则几乎是以市场配置的方式来雇用员工。于是，这样一个内生的双元结构就产生了，并且具有典型双元劳动力市场分割的特征：在一级劳动力市场上，用人单位大多是一些大公司甚至跨国公司，它们给员工提供优厚的待遇、优良的工作环境和相对确定的晋升机会，员工也可以面对较为明确的职业路径；而在二级劳动力市场上，中小型企业只能给予员工相对较低的工资，工作环境也较差，劳动者几乎看不到职业发展的前景；同时，由于一级劳动力市场带有内部劳动力市场的特征，劳动者一旦在一开始进入二级劳动力市场就业就基本上没有希望再向一级劳动力市场流动了。

第四节　中国劳动力市场分割的特点与原因

一、劳动力市场分割的特点

劳动力市场分割在我国的发展过程中，一直具有某些共同之处，形成了我国劳动力市场分割的特点。

首先，劳动力市场的城乡分割现象明显。纵观我国劳动力市场的历史，城乡之间的分割是始终存在的现象，这根源于新中国成立初期重点发展重工业的国家发展战略，并为政府一系列的城市倾向的政策措施所强化，更加严重的是，在改革开放之后，这种城乡分割不但没有减弱反而一直在加强，城乡之间的收入差距有扩大的趋势，城乡居民被分割在不同的劳动力市场上。

其次，城市劳动力市场分割的状况随着经济社会的发展而不断变化。城市劳动力市场内部还存在着二次分割的现象，而这种二次分割则在不同的时期体现出不同的特点。改革前劳动力是被制度因素分割在不同的区域和行业中，无法自由流动；改革初期，不同的城市居民开始面临不同的就业体制，即体制内和体制外就业；随着市场化改革的深入，城市劳动力市场中又开始形成内部劳动力市场，进而导致一种类似西方市场经济国家的双元结构的劳动力市场分割。

最后，在导致分割的众多因素中，制度因素是造成中国劳动力市场分割的主导力量，政府创立的制度是造成劳动力市场分割的根本原因。在计划经济时代，重点发展重工业的国家战略和与之配套的就业制度、分配制度和户籍制度等直接导致了中国特色的城乡分割、行业分割。伴随着市场化改革的进程，完全限制流动的劳动力市场分割逐渐为新的分割形式所取代，由于制度对于劳动力流动限制的放开，分割的基础被打破，一系列的城市经济改革和对企业管制的放松，流动成为可能，而改革的不彻底性造成了体制分割等新的分割形式；与此同时，市场经济的不断深化，内生于市场的分割产生，内部劳动力市场就是在这样的背景下出现的。

二、劳动力市场分割的原因

中国劳动力市场分割虽然突出地表现为一种制度性的分割，但同时也存在如同西方国家由生产特性等形成的主要、次要劳动力市场分割，或者由种族、性别等个人特征形成的就业歧视，而且经济转轨型国家在市场经济不断深化的过程中，劳动力要素的配置过程仍然受到计划体制的影响，因而其市场分割呈现多元化，形成原因错综复杂，从具体的成因角度可以分为以下几种。

（一）歧视或文化习俗造成的劳动力市场分割

从经济学的角度来看，一个人在劳动力市场上的价值应当取决于影响其边际生产力的所有供求因素，当与生产率无关的因素在劳动力市场上取得了正的或负的价值的时候，就产生了歧视。歧视是一种很普遍的现象。在高报酬的职业中，女性的比例一直不高；在同一职业中，女性员工的工资报酬、晋升机会往往低于男性员工；雇主往往愿意用女员工担任秘书、接待员，但不愿意雇用她们做律师、工程师或软件设计师；在咖啡厅中，顾客喜欢看见穿着裙子的女服务员，但在考究的饭店工作的大部分仍是男服务员；在一些以白色人种为主的国家，其他肤色人种在同样职位的报酬、晋升机会往往比白色人种低；很多职位把身高作为入职条件之一，从而使很多身高不够的人失去竞争的机会。可以说歧视的内容各色各样。种种歧视无形当中划分了劳动力市场，使得某些人不能参与某些行业或职业的职位竞争，或者即使在其中取得了工作机会也不能享受公平的各种待遇，从而形成了歧视造成的劳动力市场分割。

（二）技术进步以及竞争因素造成的劳动力市场分割

近一个半世纪以来，人类在科技发明方面取得巨大成就，电力、微电子、计算机、分子生物等技术不断得到突破并取得广泛应用，各个领域之间及各个领域内部的技术分工越来越明显，产业及行业之间界限越来越清晰，相应出现了各种行业协会、技术协会及行业工会。行业协会、技术协会在协调并加强业内企业合作的同时，也在制造行业的进入壁垒，这样就限制了小企业和别的行业的企业转入该行业参与竞争的机会。同样，行业工会在保护工会成员利益的同时也在限制行业外人员进入本行业的数量，从而使得某些人被限制在高报酬、工作环境良好的行业之外，促进了一级劳动力市场和二级劳动力市场的形成。另一方面，在分工加速、行业分裂及新行业涌现的同时，市场竞争使各个行业都出现了一个或几个规模巨大的企业，甚至出现跨行业发展的企业集团，形成行政垄断或垄断竞争的局面。这些规模巨大的企业内部往往形成影响力很大的企业工会，企业工会为企业内员工争取利益与资本方进行利益博弈，而资本方同时也考虑加强内部员工管理和激励员工，最后形成企业内部的劳动力市场——企业内部有新的岗位需求或职位晋升机会时，倾向于优先从本企业员工中寻找合适的人员。这样就出现了内部劳动力市场和外部劳动力市场的分割。

（三）法规或政策造成的劳动力市场分割，即制度性分割

我国的诸多法规制度在各个层面造成了劳动力市场的分割。例如，延续至今的城乡户籍制度，在计划经济时代就形成了城市居民和乡村居民的就业不平等——城市居民由国家分配至国有或集体所有制单位就业，而持有乡村户口的人只能在农业部门劳作或在城镇打临时工。在市场经济的今天，城市管理部门仍然不时地出台基于城乡户籍制度的地方政策，限制非城镇户口的人在城市拥有平等的就业机会。又如，在计划经济向市场经济过渡时期很难有完善的配套法律、政策以及法规对各种各样所有制的经济实体进行统一管理，政府对不同所有制的单位采用不同的管理方式，在这一方面突出表现为不同所有制单位的用工管理方式不同，国有或集体所有制的用工方式仍然有很大的计划经济的痕迹，而非国有经济单位的用工方式则以市场化管理为主；国有和集体所有制单位与非公有制经济单位在社会保障法规的运行管理上有明显差别，前者的从业人员能正常享受各种保险和福利，而非公有制经济单位的从业人员在这方面没有相应的保证。类似这样的由国家或地方政府颁布的某些法律、政策或地方法规使得劳动力市场中的各个群体面临不平等的就业机会、待遇或者就业环境，形成所谓的劳动力市场制度性分割。

现实中，上述各种劳动力市场的分割形式是掺杂在一起出现的，但在不同的国家或地区，以及同一国家或地区的不同时期，劳动力市场分割有其特定的形成原因和存在形式。

三、我国城市劳动力市场分割的表现

（一）纵向分割——城市劳动力市场内部分层

城市劳动力的内部分层主要表现为，农民工在城市工作受到明显不同于城市劳动力的待遇。第一，缺乏最基本的最低生活保障和失业保险。因为固有的户籍制度，农民工只是在职业上是属于工人，在身份上依然是农民。第二，没有完善的养老保险制度。城里的农民工以中青年为主，但当他们步入老年时将面临着社会保障的缺失。第三，工伤、医疗保险不健全。农民工工伤无法得到赔偿往往成为新闻媒体的焦点之一，用工单位往往也不为其办理相关的工伤保险，真正办理工伤保险的农民工不到3%。第四，子女教育待遇不公平。在城里的农民工子女只能选择有限的农民工子弟学校，或者缴上巨额的捐助费才能与城里的孩子一起上学。据2001年9月对北京市丰台区的调查，民工子女进入公办学校的不到1/6，8%以上是进入民办简易学校。第五，就业无保障，用工不规范。用人单位与农民工并不签订用工合同，或者故意拖欠其工资，总理为农民工讨薪，这当年新闻媒体聚集的焦点，就反映了在农民工用工上极不规范。第六，住房政策限制，无法享受经济适用房。由此可见，农民工在没有任何保障的情况下在城市从事着最低等的工作。在城镇就形成了相并行的两个劳动力市场（主要劳动力市场——城市工市场和次要劳动力市场——农民工市场），传统发展经济学所面对的城乡之间劳动力市场的二元化，在这里转变为城市劳动力市场的二元化（蔡昉，1998）。

（二）横向分割——劳动力市场城市间的分割

城市劳动力市场的城市间分割是指各种非市场因素，使得城市劳动力难以流出本城市或者外城市劳动力难以流入本城市，造成了以城市为界的市场分割状态，各城市具有相对独立的城市劳动力市场，各市场之间呈现相对封闭状态，并具有各自不同的城市劳动力供求关系和工资率。

从理论上讲，当劳动者具有了完全支配自身劳动力的权力，即他对是否流动和怎样流动具有完全的决定权以后，流动行为的发生与否则取决于该流动能否给本人带来净收益。流动净收益等于流动预期收益差减去流动成本，其计算公式为 $R=(R_n-R_o)-(C_1+C_2+C_3)$，其中，$R_n$ 表示流动后的预期收益；R_o 表示不流动维持现有状况的预期收益；C_1 表示流动的直接成本，包括寻找新工作的费用、交通费、搬家安置费等；C_2 表示流动间接成本，指因流动而间接增加的各种额外支出；C_3 表示流动的机会成本，是指因流动而损失的各种可能的收益。当净收益 R 大于 0 时，表示流动可以获益，从而促使流动实现，且 R 越大，流动实现的可能性就越大；当净收益 R 小于等于 0 时，表示流动无法获益甚至受损，流动不能实现。从目前的实际情况看，我国不同城市和地区之间，特别是东部、西部的城市、地区之间的收入差距很大，特别是高新技术人员、高级管理人员等高级人才的工资收入，东部、西部差距更为明显，同一岗位或职位在东部沿海发达城市的收入比中部、西部城市高 3~8 倍。这种明显的地区收入差距说明城市劳动力跨城市、跨地区流动的预期收益差（R_n-R_o）很大，已经构成了城市劳动力流动，特别是人才流动的强大经济动因。但是，现实中却出现了流动不畅，从流动净收益公式分析，只能归因于流动成本过高，甚至高过预期收益差（R_n-R_o），致使流动净收益 R 小于等于 0，流动变得毫无意义。

目前我国城市劳动力跨城市流动主要可分为两类：一类是经政府部门批准的计划性流动，包括人员调动、转业安置、婚迁和随迁等；二类是市场性自由流动。计划性流动的成本小，预期收益大，因而净收益也大。可是，每年批准的指标有限，远远不能满足资源自由流动的需求。但较高的自由流动的成本造成了城市劳动力的跨城市流动规模很小。自由流动的城市劳动力没有流入城市的户籍，不仅无法在新城市享受到相应的权利，如子女上学、购买经济适用房、平等就业等，而且还可能被视为"黑户"及"盲流"，备受歧视，甚至还要遭驱逐，现行的户籍、住房、社会保险、调动等制度因素，引起了城市劳动力跨城市、跨地区自由流动的高额流动成本，从而阻止了城市劳动力在城市间的自由流动，最终造成了我国城市劳动力市场的城市间分割。

（三）供求差异——劳动力市场的扭曲

大学是我国人才教育的主要机构，可视作劳动力市场的供给单位。但目前我国高等教育资源仍主要集中于公立学校，其办学模式带有浓重的行政色彩，政府调节机制在起作用，市场调节几乎起不到作用。相反，人才的使用单位经过改革基本上进入了市场调节为主的状态。所以劳动力市场供给和需求的二元机制并不是互补的，而是"板块"的，近年来稍有渗透的特点。

根据市场配置人才资源的基本流程：用人单位将需求发布于外界（人才市场），办学机构根据需求信息制订人才培养计划，政府、社会和个人根据自己的目标和所持有的资源进行教育投入，经过一段时间后人才资源形成。再经过市场的调节，人才资源得到了配置。整个过程伴随着政府的宏观调控，以克服市场的盲目性、滞后性、聚集效应等市场配置的固有缺陷。人才价格作用机理是，人才价格取决于人才的价值和人才的供求关系，供求主体的趋利行为是人才价格升或降。大学作为人才产品的制造者、初始提供者，其培养方案（包括人才结构、课程设置）必须依据从用人单位和人才市场的需求信息做出的科学预测，其行为应具有必要的趋利特征，即市场导向、客户导向，这是人才价格机制和市场配置有效性的前提。

在我国，供给和需求的扭曲二元性这些条件都无法实现和满足，因此造成了现在大学生就业难，但一些岗位人力资源供不应求。有的职位工资过高，而有的职位工资过低。现在又出现了追逐更高学历的趋势，人力资本投资趋于不正常的高端化。

第三章 劳动力市场的城乡分割

第一节 国内外研究进展

一、国外相关研究

国外学者的研究集中于对发展中国家的收入差距分析，由于城乡收入差距是中国特殊发展阶段的特殊现象，因此专门研究中国的城乡收入差距问题的文献较少。Schultz（1978）认为所谓的"剪刀差"政策是城乡收入差距过大的原因，这种政策是政府通过人为的扭曲产品与生产要素的价格，拿农业生产剩余去补贴工业发展。Wei（1997）考虑到中国城乡的金融资源配置方面，为中国的金融系统具有较为明显的城市化倾向。Matsuyama（2000）从资本与信贷市场均衡的角度研究了发展中国家收入分配的演化，他认为，在那些生产率较低，以及金融发展水平较低的经济中存在着永久性的不平等，富有人群依靠剥削贫穷人群致使收入差距持续存在。Khan 和 Riskin（2001）指出，中国的城乡基尼系数既高于城镇内部基尼系数，同时也高于农村地区内部基尼系数，并且他认为事实上中国城乡之间的收入差距在全国总的收入差距中具有决定性的重要作用。Park 和 Sehrt（2001）认为，中国的信贷资源配置向具有各种资源优势的国有经济部门倾斜，这种资源配置特征是中国城乡收入差距扩大的重要原因。Shi（2002）通过研究中国其中9个省的健康和营养相关调查数据，认为中国城乡收入差距中有28%的原因是可以由现行的户籍制度解释的。Majumdar 等（2004）研究指出，与农村居民相比，由于发展中国家农村居民和城镇居民的地位不同，城镇居民在参与民主、政治的意识或在信息获取方面拥有更大的优势，这会直接导致资源更加偏向于城市居民，继而造成农村居民与城市居民的收入差距。马来西亚学者 Zhu（2005）通过研究基尼系数、经济增长及收入不平等之间的关系，阐明政府对教育、健康和工商业的支出会加剧不平等，因为这些支出的增加就相应地减少了对农业和农村地区的支出，穷人会变得更穷，从而进一步拉大了贫富差距。Townsend 和 Ueda（2006）通过动态模型的方法，研究了金融深化对收入分配的影响及动态演化路径，结果发现金融发展与收入分配之间存在库兹涅茨效应，而一般农村的金融发展严重低于城市的金融发展，可知金融发展也是导致城乡收入差距的一项重要因素。Maddison（2007）研究认为，目前中国的收入差距比其他亚洲国家都要大。

二、国内学者的相关研究

国内学者对城乡收入差距的研究从很早就开始了，主要分为不同的角度——制度安排角度、人力资本与人口流动角度、城市化水平角度、财政因素角度等。

（一）制度安排角度

许多学者对城乡收入差距做了分析。例如，陈宗胜（1991）计算了1981~1988年的收入差距，结论表明城乡收入差距占我国收入差距的40%，并且他还认为，城乡收入差距如此之大的一个重要原因是我国城乡存在二元经济结构。在这种二元经济结构中农村经济结构处于相当不利的位置，使城乡收入难以平衡发展。国家统计局农调总队课题组（1994）利用回归分析的方法，分析了二元经济结构对城乡收入差距的影响。这一分析涉及1992年我国31个省（自治区、直辖市，不包括港澳台地区）的横截面数据，得到了二者正相关的结论。结果表明，城乡收入差距变化的50.67%可以归因于二元经济结构。赵人伟和李实（1999）考察了经济体制改革对城乡收入差距的影响，认为政府在农副产品价格控制方面以及税收和社会保障制度方面的改革措施更加明确了二元经济结构，影响了城乡收入差距。李实和岳希明（2004）的研究也得到了类似的观点，他们认为，我国改革开放之后二元经济结构更加明显，造成了城乡收入差距的扩大。陈宗胜和周云波（2001a）认为我国进行社会主义市场化改革中产生了很多的"制度缺陷"，主要是指体制错位和体制缺位，这些缺陷造成了更大的城乡收入差距。蔡昉（2003）认为新中国成立初期的重工业优先发展的战略，使我国的政策具有很强的城市偏向性并且长期存在，这成为我国城乡收入差距的长期存在的重要原因。曾国平和王韧（2011）基于城乡转换和经济开放的双重约束，构建了一个四部门的双二元递推理论模型，并分析认为城乡二元经济的存在,将使收入差距变动呈现为倒 U 形变动趋势。厉以宁(2008)提出了缩小城乡收入差距的根本办法,他认为二元经济结构是造成城乡收入差距的根源,因此只有改变二元的经济体制才能使城市与农村获得相对平等的发展机会和环境,进而实现城乡均衡发展。孙宁华等(2009)在分析城乡收入差距的成因时,采用了参数校准与数值模拟的分析方法,得出以下结论,即政府干预或制度障碍导致劳动力市场扭曲,以及农业部门和非农业部门效率存在差异,在很大程度上扩大了城乡收入差距。张翼(2010)认为,改革开放后在城市建立起了较为完善的社会保障制度,而在农村,尽管新型农村合作医疗和医疗救助制度在农村建立起来,但是与城市相比仍然存在较大差距,城市人均社会保障支出是农村的一百倍。采用加上转移性收入前后的城乡居民收入之比的对比发现,转移支付后城镇居民的人均收入有了较大提高,而农村居民转移支付前后收入相差无几。这也验证了城乡二元的社会保障制度不但没有缩小城乡居民收入差距,反而使本来已经很大的城乡居民收入差距进一步扩大。张建辉和靳涛(2011)研究了我国的经济转型特征与城乡居民收入差距之间的关系,结论认为我国的经济转型基本上是从所有制结构、市场化进程、对外开放及地方政府行为模式四个方面展开的。同时通过构建计量模型和选择相应的变量进行回归分析,验证了经济转型与城乡居民收入差距存在线性关系,我国的经济转型扩大了城乡居民收入差距。宋锦和李实(2013)研究结论得出,城乡分割的户籍制度不仅带来了不同社会人群在政治、社会和经济权利等方面的差异,同时也带来了对农民和农民工的不公平待遇,这直接了导致城乡之间和城镇内部劳动力市场出现分割,降低了劳动力的配置效率,扩大了城乡收入差距。胡晶晶(2013)指出,户籍制度的确立不仅仅是为了进行人口统计和个人特征辨认,也是为政府其他重要目标而服务。新中国成立初期,政府承担起给所有城市居民提供工作与福利的责任,而农村人口在很大程度上得不到政府的支持。为了维系这种二元结构,政府不得不寻找一种机制以阻碍生产要素在农业与工业部门之间、城乡之间的自由流动,户籍制度正是这样一种机制。

(二)人力资本与人口流动角度

赵满华和窦文章(1997)很早就从人力资本角度分析了城乡收入差距问题,他们认为劳动者的文化水平及技术素质是影响城乡收入差距变化重要因素之一。郭剑雄(2005)与张克俊(2005)认为城乡劳动力的人力资本的不同使得其收入存在差距,这是产生城乡差距的重要原因之一,并且郭剑雄(2005)从内生经济增长理论出发分析得出,农村地区的高生育率和低人力资本积累率是农村居民收入过低的根本原因的结论。另外，对人口流动的限制加剧了人力资本对城乡收入差距的影响。周峰和徐翔（2006）认为鼓励农村劳动力流动是缩小城乡收入差距一个有效的方法。王少国和王镇（2009）通过一个两部门的劳动力迁移模型，对我国城乡收入差距的适度水平进行了实证检验，结论显示我国城乡收入差距已经偏离适度水平，必须进行调整。陈斌开等（2010）采用 Oaxaca-Blinder 方法，基于 2002 年城镇和农村住户及个人调查数据，分析了影响我国城乡居民收入差距因素，结果表明，教育水平差异是我国城乡居民收入差距最重要的影响因素，他们进一步认为城市偏向的教育经费投入政策是城乡教育水平、城乡居民收入差距扩大的重要决定因素。靳卫东（2011）认为，收入差距会影响到人力资本投资，同时人力资本投资也会影响到收入差距的变化。在长期内，考虑到最低消费约束与投资成本，我国农民的人力资本投资存在着两个稳定均衡和一个非稳定均衡，这使得农民的人力资本差距和收入差距逐渐增大。由于收入差距对人力资本投资的影响，公共财政支出的增加不一定能消除贫困，所有农民的人力资本投资都超过"最小临界门槛"才是最终解决贫困和收入分配问题的根本途径。黄艳萍等（2013）运用面板数据分析了不同层级教育对我国地区经济增长的影响，结果发现，教育可以促进经济的增长，不同的教育水平对经济发展的影响不同，继而会造成收入的差距。

（三）城市化水平角度

城市化水平对收入差距的影响还没有一个定论，但是大多数研究都得出了二者负相关的结论（林毅夫与刘明兴，2003）。例如，陆铭和陈钊（2004）利用 1987~2001 年我国的省际面板数据进行了实证研究，得到了城市化水平与城乡收入差距负相关的结论，进而得出了要缩小我国城乡居民收入差距水平，重要的方法就是加快城市化进程的结论。姚耀军（2005）也证实了这一论断，并且认为城市化水平是城乡收入差距的格兰杰原因。周云波（2009）综合考察了城市化水平、城乡收入差距以及全国总体收入差距的关系，他发现收入分配呈现倒 U 形，其中一个重要的原因是 1978 年以来的城市化发展。曹裕等（2010）认为城市化水平、城乡居民收入差距以及经济的持续增长之间存在递进的因果关系，城市化能够实现城乡收入差距的缩小，进而实现经济的可持续有效增长。丁志国等（2011）通过选择恰当的空间面板计量模型，选取 2000~2009 年我国 31 个省（自治区、直辖市，不包括港澳台地区）的面板数据，实证研究了城市化进程对城乡收入差距的影响，结论认为城市化的政策路径的不同产生的效果不同。调整产业结构，增加工业和服务业的比重，积极引导农村剩余劳动力转移到城市中效率更高的产业中，能够有效增加农民收入，进而缩小城乡收入差距。相反，增加城镇固定资产投资和盲目追求 GDP（国内生产总值）增速，将使城乡收入差距进一步扩大。此外，临近省份的城市化进程也会对本地的城乡收入差距具有显著影响。李宪印（2011）采用向量自回归模型，对 1978~2009 年我国城市化、经济增长与城乡收入差距的关系进行了实证研究，结果表明城乡收入差距扩大可以促进城市化进程，而城市化进程反过来对城乡收入差距扩大具有长期影响。何立胜和黄灿（2011）研究发现，城乡收入差距最重要的根源在于城乡二元经济结构。城镇化严重滞后是农村小农经济与城市工业和服务业发展中的规模经济发展的差距的重要原因。张红宇等（2013）认为，在城市化过程中劳动力和资本等生产要素从回报率低的农村向回报率高的城镇转移，减少部门之间劳动生产率的差异，从而缩小城乡收入差距。陈斌开和林毅夫（2013）研究结论表明，我国长期施行的旨在鼓励资本密集型产业优先发展的战略，造成了城镇部门的就业需求相对萎缩，进而延缓了城镇化进程，阻滞农村居民向城镇部门的有效转移，导致城乡收入差距扩大。

（四）财政因素角度

近几年财政因素被学者提出并得到了重视。例如，靳卫东（2006）从供求角度考虑，他将财政支出和人力资本联系起来，认为公共财政支出的数量和结构会影响到人力资本水平，进而使人力资本投资供给曲线随着财政支出的增加而右移，使不同个体的人力资本投资供给曲线存在差异，这些差异自然会产生不同个人的收入差距。陶然和刘明兴（2007）更是利用 270 个地级市的面板数据，通过实证研究得出我国地方财政支出对城乡差距影响显著的结论。沈坤荣和张璟（2007）运用 1978~2004 年的数据，采用多变量回归和格兰杰因果关系检验方法对农村公共支出、农民收入增长与城乡收入差距之间的关系进行了实证研究，分析了农村公共支出的管理效率与支出结构等因素对城乡收入差距的影响。任重（2009）首次构建了一个两部门模型来分析二元经济条件下教育、医疗公共品供给与城乡收入差距的动态关系。结果表明，城乡教育公共品供给不均和城乡医疗公共品供给不均是导致城乡收入差距扩大的重要原因；陈斌开等（2010）基于微观数据分析和数值模拟，认为城市偏向的教育经费投入政策是城乡收入差距扩大的重要决定因素。邓旋（2011）在分析城乡收入不平等的影响因素时，采用面板数据的研究方法，验证了财政支出规模和财政支出结构对城乡收入不平等的影响，从财政支出规模看，由于城乡二元结构的存在，财政资源大多配置在城镇，财政支出规模显著地扩大了城乡收入差距，从财政支出结构看，各支出因素的影响存在差异。刘建徽等（2012）指出，在收入分配管理的实践中，政府常常赋予财政政策较大权重,强调财政支出在遏制城乡收入失衡中的重要性。

第二节 城乡收入及差距变化

中国城乡高度分割和城乡之间巨大的收入差距已引起了人们的普遍关注。尽管在不同时点上,城乡居民收入差距水平有所差异,但自从20世纪90年代后期以来,城乡居民之间的收入差距表现出逐步上升的趋势性特征。根据国家统计局对居民收入的官方定义,城乡居民收入比从1997年的2.47%上升到2010年的3.23%。从世界范围来看,中国的城乡居民收入差距要远远高于许多其他国家。不断扩张的城乡居民收入差距已经引起了政策制定者以及国内外学者的高度关注。

从表3.1和图3.1中可以看出,1978~2014年这30多年间,城乡居民的收入都呈现上升趋势,城乡居民纯收入的差值也呈现明显的上升趋势。2014年城乡居民的收入绝对值之差达到了18 354.97元,城市和农村居民恩格尔系数都是逐年下降,但是两者下降的幅度之间并没有特别显著的差异,农村恩格尔系数这30多年间大约下降了30%,农村居民恩格尔系数的降低水平稍快于城市居民。

表3.1 城乡居民收入变化

年份	城镇居民人均可支配收入 绝对数/元	年增长率	指数(1978=100)	农村居民人均纯收入 绝对数/元	年增长率	指数(1978=100)	城镇居民恩格尔系数/%	农村居民恩格尔系数/%
1978	343.40		100.00	133.60		100.00	57.50	67.70
1980	477.60	0.39	127.00	191.30	0.43	139.00	56.90	61.80
1985	739.10	0.55	160.40	397.60	1.08	268.90	53.31	57.80
1990	1 510.20	1.04	198.10	686.30	0.73	311.20	54.24	58.80
1991	1 700.60	0.13	212.40	708.60	0.03	317.40	53.80	57.60
1992	2 026.60	0.19	232.90	784.00	0.11	336.20	53.04	57.60
1993	2 577.40	0.27	255.10	921.60	0.18	346.90	50.32	58.10
1994	3 496.20	0.36	276.80	1 221.00	0.32	364.30	50.04	58.90
1995	4 283.00	0.23	290.30	1 577.70	0.29	383.60	50.09	58.60
1996	4 838.90	0.13	301.60	1 926.10	0.22	418.10	48.76	56.30
1997	5 160.30	0.07	311.90	2 090.10	0.09	437.30	46.60	55.10
1998	5 425.10	0.05	329.90	2 162.00	0.03	456.10	44.66	53.40
1999	5 854.02	0.08	360.60	2 210.30	0.02	473.50	42.07	52.60

续表

年份	城镇居民人均可支配收入 绝对数/元	年增长率	指数（1978=100）	农村居民人均纯收入 绝对数/元	年增长率	指数（1978=100）	城镇居民恩格尔系数/%	农村居民恩格尔系数/%
2000	6 280.00	0.07	383.70	2 253.40	0.02	483.40	39.44	49.10
2001	6 859.60	0.09	416.30	2 366.40	0.05	503.70	38.20	47.70
2002	7 702.80	0.12	472.13	2 475.60	0.05	527.90	37.68	46.20
2003	8 472.20	0.10	514.60	2 622.20	0.06	550.60	37.10	45.60
2004	9 421.60	0.11	554.20	2 936.40	0.12	588.00	37.70	47.20
2005	10 493.00	0.11	607.40	3 254.90	0.11	624.50	36.70	45.50
2006	11 759.50	0.12	670.70	3 587.00	0.10	670.70	35.80	43.00
2007	13 785.80	0.17	752.50	4 140.40	0.15	734.40	36.29	43.10
2008	15 780.76	0.14	815.70	4 760.62	0.15	793.15	37.89	43.67
2009	17 174.65	0.09	895.40	5 153.17	0.08	860.57	36.52	40.97
2010	19 109.44	0.11	965.20	5 919.01	0.15	954.37	35.70	41.09
2011	21 809.78	0.14	1 046.32	6 977.29	0.18	1 063.17	36.30	40.36
2012	24 564.72	0.13	1 146.32	7 916.58	0.13	1 176.93	36.23	39.33
2013	26 955.10	0.10	1 227.02	8 895.91	0.12	1 286.38	35.02	37.66
2014	28 843.85	0.07		10 488.88	0.18			

注：数据来源于《中国统计年鉴》（1979~2015年）；2013年以前数据为城镇住户、农村住户抽样调查资料。从2013年起，国家统计局开展了城乡一体化住户收支与生活状况调查，表中2014年数据来源于此项调查，与2013年前的分城镇和农村住户调查的调查范围、调查方法、指标口径有所不同

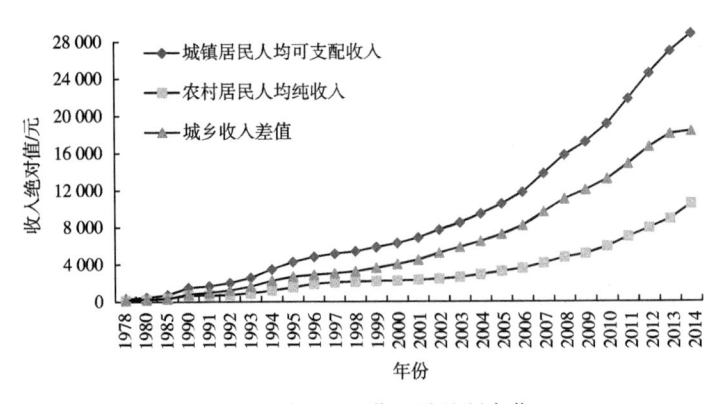

图 3.1 城乡居民收入及差距变化

图中数据由《中国统计年鉴》（1979~2015年）计算得到；图中1978~1990年为非连续年份用等间距表示

图3.2以1978年基数，计算了1980~2014年的收入增长指数，以及增长指数之间的差值，可以看出，2000年以后，增长指数变化较为明显，城乡收入增长指

数变化比较一致，切数值基本相同，所以二者之差的变化不大，2007 年之前，城市居民收入的增长指数稍低于农村居民，但是 2007 年以后，城市居民收入的增长指数逐渐大于农村居民，从 2011 年开始农村居民收入增长指数再次反超城市居民，鉴于城乡收入基数的不同，可以得到城乡收入差距有进一步扩大的趋势。

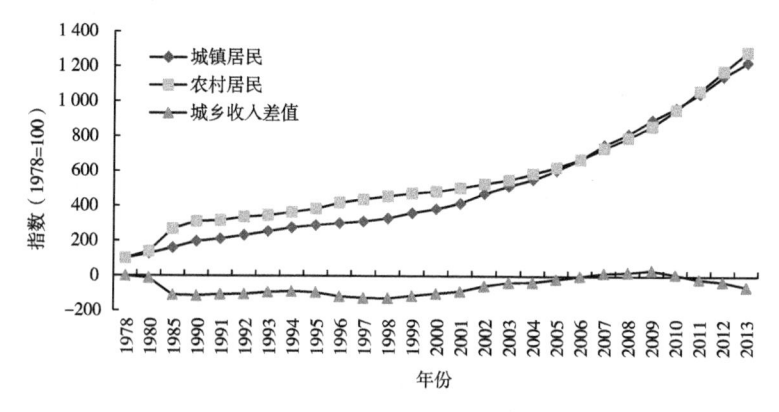

图 3.2　城乡居民收入指数变化

图中数据由《中国统计年鉴》（1979~2014 年）计算得到；图中 1978~1990 年为非连续年份用等间距表示

图 3.3 为城镇居民家庭人均可支配收入与农村居民家庭人均纯收入的比值变化，数据给我们的直观印象是改革进程中的城乡收入差距经历了一个由逐步缩小到逐步扩大的过程，先是从大到小，然后从小到大的变化轨迹。图 3.3 直接反映出城乡收入差距大概可以划分为以下几个时期。

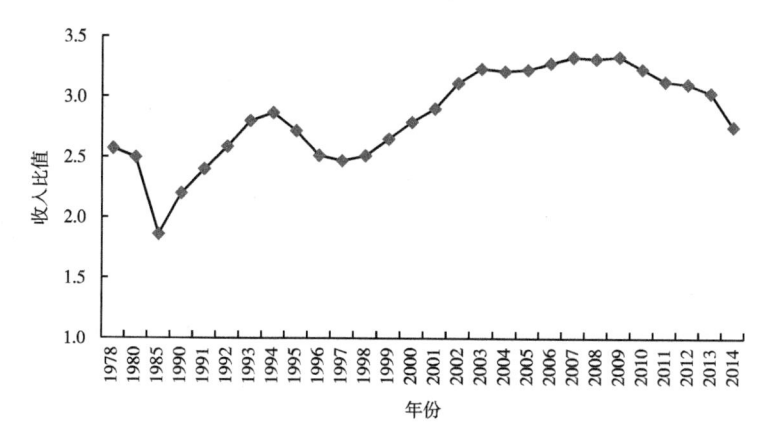

图 3.3　城乡居民收入比

图中数据由《中国统计年鉴》（1979~2015 年）计算得到；图中 1978~1990 年为非连续年份用等间距表示

（1）1978~1985 年，城乡收入差距减小。此阶段的经济体制改革主要是以农村家庭联产承包责任制为主，国家逐渐放松了农副产品的价格管制，刺激了农业生产的积极性，农业生产效率提高。这是我国在实行长期的计划经济体制后，第一次大范围的改革措施，农业生产的迅速增长使农民人均收入大幅度提高，在这个阶段中，农村首先摆脱了种种不合时宜的约束，生产力得到解放。但同时期的城市经济改革并没有发生根本性的变化，城市的收入分配体制依然没有改变，经济发展缺乏动力，因此城镇居民人均收入增长幅度低于同期农村居民增长幅度。

（2）1986~1991年，城乡收入差距开始拉大。企业承包责任制开始施行，国家开始允许并且鼓励私营经济与个体经济等非国有经济发展，这些改革措施极大地提高了工人的劳动生产率，扩大了就业，增加了城镇居民收入的来源途径，使城镇居民的收入得到了明显的增加。同期农村地区家庭联产承包责任制激励的边际效应开始递减，农产品收购价格保持稳定，农民收入增长率较低，因此截至1989年，城乡收入比上升到了2.28，与1984年相比增长了22.8%，比1981年的水平还略高。

（3）1992~1995年，城乡收入差距迅速扩大。1992年之后，我国开始了全面的市场经济体制改革，经济改革逐步推进，经济增长开始提速。非国有企业蓬勃发展，城镇就业增加，城镇居民收入来源增加。这个时期住房制度改革使城镇居民的隐形福利转化为了个人收入，而以股票市场为代表的资本市场开始形成，使城镇居民在个人劳动收入以外，能够获得其他各种形式的资产性收入。此阶段城镇的失业与贫困问题开始受到关注，但是对城镇居民收入增长并未有影响。城镇经济的增长为农村消化了大量的剩余劳动力，而同时在农村地区，当地乡镇企业的发展降低了与城市经济发展之间的差距。但是由于城镇和农村在人力资本积累上的差异，农村劳动力教育投入较低，生产率较低，收入水平也较低。因此这个阶段城乡收入差距实际上仍然在扩大。城乡名义收入比从1992年的2.58增加到了1994年的2.86，增长1.8%，而实际收入比也从1992年的1.80增加到1994年的1.93。

（4）1995~2002年，城乡收入差距继续扩大。在此阶段社会主义市场经济体制改革进入攻坚阶段，国有企业的"减员增效"及政府机构改革增加了大量的下岗失业人员，减少了城镇居民收入。亚洲金融危机对我国宏观经济造成了不利影响，对我国农村经济的影响不如城镇经济显著，因此在整体经济增长放缓的情况下，城乡收入差距有所减小。在我国开始拉动内需、大规模投资的作用下，城乡收入差距转而再次扩大。因此城乡收入比在2002年首次突破3，达到3.11，与1995年相比增加14.6%，年均增加1.99%。

（5）2003年至今，城乡收入差距扩大速度减缓，城乡收入比保持在3∶1的比率之上。国家开始重视社会保障体系的建设，逐步开始完善城镇社保体系，扩大范围并提高标准。2002年开始进行农村税费改革，2006年我国彻底取消农业税，终结了数千年的农业税历史，极大地减轻了农民负担，同时给予农民各种直接与生产器具购置补贴等，实施了农业生产资料综合补贴政策，实行最低价粮食收购政策，国家财政开始对农村基础设施建设进行大规模投资，增加对农村地区的转移支付力度。这些惠农措施促进了农民收入的增长，而城镇经济发展势头良好，城镇居民收入保持较快的增长速度，截至目前，城乡收入差距变化较小，2009年城乡名义收入比为 3.33，实际比为 2.33，与 2003 年相比年均增长率为 0.53%。2009~2013 年城镇居民收入水平相当于农村居民收入的 3 倍以上，到 2014 年比例有所下降，但仍然达到 2.75 倍。

因此城乡居民收入差距问题还是当前中国经济发展中的一个重要问题，本章对收入差距进行了进一步的分析及分解。

第三节 数据与方法

本章使用的数据是来自北京大学，以及中国自然科学基金委管理学部、美国老年问题研究院与世界银行共同资助建立的 CHARLS 项目的调研数据。CHARLS 采用了多阶段分层抽样，在所有阶段都是按照人口比例随机抽样，首创了电子绘图软件（CHARLS-GIS）技术，用地图法制作村级抽样框。该项目的问卷设计参考了国际经验，包括美国健康与退休调查（Health and Retirement Study，HRS）、英国老年追踪调查（English Longitudinal Study of Ageing，ELSA）以及欧洲的健康、老年与退休调查（Survey of Health and Retirement in Europe，SHARE）等。问卷内容包括个人基本信息，家庭结构和经济支持，健康状况，体格测量，医疗服务利用和医疗保险，工作、退休和养老金，收入、消费、财产，以及社区基本情况。CHARLS 于 2008 年对甘肃和浙江两省进行预调查，共得到 1 570 个家庭中的 2 685 份个体样本，应答率达到 85%。本章只保留了有收入样本，并且剔除了遗漏部分信息的样本，最后得到城市户口样本为 368 个，农村户口样本为 664 个，共 1 032 个样本。

一、描述性统计

表 3.2 给出了本章回归方程中涉及的各个变量及其定义标准，受教育程度分为 12 个递进等级，婚姻状况分为 5 个等级，健康状况分为 5 种不同的情况，包括

男性样本 610 个，女性样本 422 个，衡量居民收入的主要是指工资性收入，城市居民收入以工资收入为主，农村收入主要是指劳动收入。

表3.2 变量及其定义

变量	备注
受教育程度	1=文盲，2=未读完小学，但能够读、写，3=私塾，4=小学，5=初中，6=高中，7=中专，8=大专，9=本科，10=硕士，11=博士，12=其他
婚姻状况	1=已婚或者未婚同居，2=已婚但是未与配偶一起生活，3=分居，4=丧偶，5=未婚
健康状况	1=非常好，2=好，3=一般，4=不太好，5=很不好 0=未填写
性别	1=男，2=女
收入	主要是指工资性收入，城市收入是指工资收入，农村收入是指劳动收入

表 3.3 给出了全国、城市及农村样本各变量的均值的描述性统计。从表 3.3 中可以看出，城乡居民在性别、婚姻状况和健康状况上有一些差异但是差异并不大，从受教育程度上来看，城乡差异较大。根据表 3.2 变量的定义标准来看，农村样本的女性较城市样本稍多；农村婚姻状况均值高于城市均值，这可能是由于城市存在更多的未婚同居现象，难以在均值中体现出来；农村的受教育程度明显低于城市，这在一定程度上说明农村的教育状况十分低下。从均值方面看，农村的收入对数明显小于城市，城乡收入还是存在一定的差距。

表3.3 各变量均值

变量	全国	城市	农村
受教育程度	3.48	4.61	2.85
婚姻状况	1.45	1.39	1.48
健康状况	3.13	3.07	3.17
性别	1.41	1.38	1.43
对数收入	4.01	4.22	3.88

从城乡居民收入之间的差异可以看出，城乡居民收入均值之间的差值达到了 0.34，城市居民收入较为明显地高于农村居民。对两个不同特征人群的收入差异进行分解可以沿着 Oaxaca-Blinder 的框架展开。为了分离各个因素收入对数值的影响，同时也是出于下一步分解分析的需要，首先估计城乡居民的收入函数如下：

$$\ln wage = X\beta + \varepsilon \quad (3.1)$$

其中，因变量 ln wage 为收入的对数；X 为个人特征的向量，包括受教育程度、婚姻状况、健康状况、性别；β 为相应的系数估计值；ε 为随机误差项。据此可以将城城乡居民的收入差异分解为可解释部分，即由城乡居民在特征、禀赋上的差异来得到解释部分与不可解释部分，这部分收入差异起因于城乡居民各项特征的不同市场回报，它无法通过城乡居民在特征上的差异得到解释。

这里城市和农村人口的平均收入对数分别为

$$\overline{\ln wage_u} = X_u \hat{\beta}_u \qquad (3.2)$$

$$\overline{\ln wage_m} = X_m \hat{\beta}_m \qquad (3.3)$$

其中，下标 u 代表小城市居民，m 代表农村居民；$\overline{\ln wage_u}$ 表示城市居民的平均收入对数；X_u 为城市居民样本中解释变量的均值；$\hat{\beta}_u$ 为方程（3.2）的回归系数。同理可知方程（3.3）各个变量的含义。城乡居民之间的收入差异可以分解为

$$\overline{\ln wage_u} - \overline{\ln wage_m} = (X_u - X_m)\hat{\beta}_m + (\hat{\beta}_u - \hat{\beta}_m) X_m \qquad (3.4)$$

方程（3.4）等号右边的第一部分即为可解释的部分（特征效应）；第二部分则为不可解释的部分（系数效应），可以将系数效应视为对农村居民的歧视。

二、城乡居民受教育程度对比

图 3.4 给出了对样本进行统计的城乡居民受教育程度的对比。可以看出，城市居民的受教育程度普遍高于农村居民，从初中以上教育水平的人数来看，城市居民占了绝对优势，而农村居民的受教育水平基本上是初中以下水平，文盲占33%。这说明城乡居民接受的教育程度存在很大的差异，农村的教育水平较低，教育投资也较低，政府重视程度也比较低，导致了城乡教育水平的巨大差异。

三、城乡居民健康状况对比

图 3.5 给出了对样本进行统计的城乡居民健康状况的对比。可以看出，城市居民的健康状况与农村居民的健康状况都偏于较差，但是两者的差距并不大，从图 3.5 中数据来看，农村居民的健康状况甚至稍好于城市居民，首先，因为新农合制度的建立，农村居民在健康出现问题的时候有机会和有能力就医，其健康状况得以明显的改善。其次，由于样本中的健康状况是自评健康，农村居民对自身

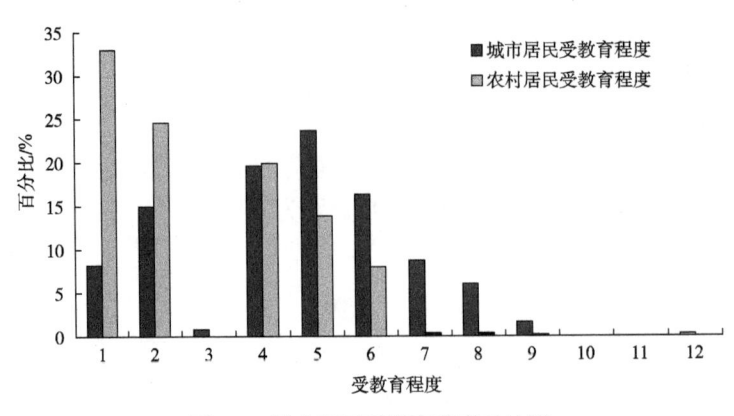

图 3.4　城乡居民受教育程度对比图

健康状况的估计可能会过高，相反城市居民由于医疗条件和自身医疗意识的提高，其对自身健康的估计会更加准确。

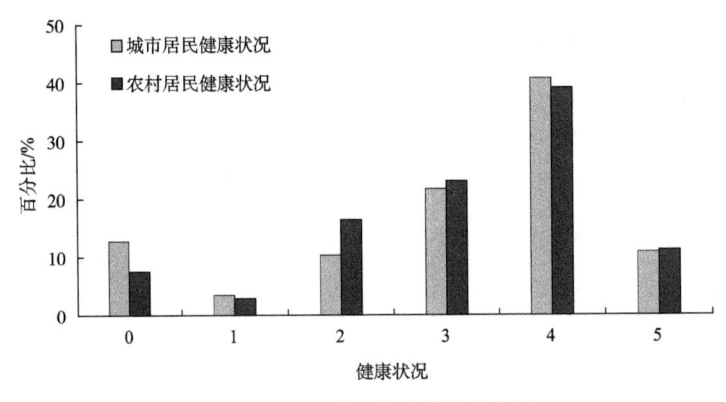

图 3.5　城乡居民健康状况对比图

第四节　城乡居民收入差距分解

一、城乡居民收入的条件均值差异及回归结果

城镇居民和农村居民收入差距的条件均值差距是 0.34。本节根据明瑟工资方程对收入的对数进行回归，分别对全部样本、城市样本、农村样本进行回归。

由表 3.4 的回归结果可以看出，城市居民的教育收益率为 4.3%。而农村的教育收益率为 5.3%，城市的教育回报率低于农村，整体来说我国的教育回报率并不高。考虑到城市居民的受教育程度与农村居民的受教育程度的差距，城市居民的受教育程度在近些年发展比较均匀，而农村的教育回报率虽然在近些年较城市有所发展，但是农村的教育覆盖率和受教育的程度依然较低，所以由教育引起的收入差距还是很大的。从健康状况上看，城市的回报率大约为 2.8%，而农村就相对高很多，达到 5.6%，这说明农村居民的健康状况对其收入的贡献率比城市的要大，主要是因为农村居民的收入大多来自依附于健康的劳动收入。从性别方面看，性别对收入的影响也是显著的。城市的性别回报率为 11.2% 而农村的为 10.5%，这主要是因为在现代工业产业中，城市女性所受到的歧视更严重。从婚姻状况来看，农村有婚姻，或者以家庭为单位工作的收入更高，城市结婚与否对收入的影响并不大，但无论是城市还是农村，婚姻状况对收入的影响还是显著的。

表3.4 收入方程回归结果

变量	全国	城市	农村
受教育程度	0.048***	0.043***	0.053***
	(6.284)	(4.509)	(4.719)
婚姻状况	−0.084***	−0.048***	−0.099***
	(−7.289)	(−2.794)	(−6.646)
健康状况	−0.044***	−0.028**	−0.056***
	(−4.335)	(−2.176)	(−3.841)
性别	−0.108***	−0.112***	−0.105***
	(−3.679)	(−2.792)	(−2.596)
调整 R^2	0.223	0.117	0.149
F 值	60.263	13.110	29.953
观测值	1 032	368	664

***、**、*分别表示该系数估计值在 0.01、0.05、0.10 的水平上显著

二、城乡居民收入的分解结果

城市居民和农村居民收入差距的条件均值差距是 0.34。表 3.5 运用 Oaxaca-Blinder 方法对城乡居民收入的条件均值差距进行了分解。可以看到，两者收入差距的 52.9% 可由其在特征上的差异得到解释，即城乡居民不同的个体特征，如受教育程度等的不同，而使得他们获得的收入不同，这一部分收入的差距在理论上是可以接受的。由系数引起的差异，即不可解释部分占 47.1%。这说明城乡

居民收入差距问题在某些程度上是由歧视产生的，在排除了个体特征的影响之后，对于农村居民的歧视，解释了一部分收入差距的产生原因，这一部分在理论上是不能够被接受的，也是造成社会不安全的一个因素。在由特征引起的差异中，城市居民和农村居民在受教育水平上的差异可以解释两者收入差异的 43.6%。分解使用的 Mincer 方程没有包括所有制、行业、职业等更多解释变量，因此体现在所有制、行业等变量上的城乡收入差异可能会有一部分反映在教育变量上。但不管怎样，这一结果还是体现了教育对收入差异的较大解释力度。

表3.5　收入差距分解结果

变量	特征	占比/%	系数	占比/%
婚姻状况	0.009 000 884	0.041 878 262	0.071 095 109	0.330 783 020
受教育程度	0.093 690 479	0.435 912 122	−0.046 141 304	−0.214 680 873
自评健康	0.005 472 761	0.025 463 021	0.085 902 174	0.399 675 604
性别	0.005 534 639	0.025 750 920	−0.009 625	−0.044 782 076
总计	0.113 698 763	0.529 004 325	0.101 230 979	0.470 995 675

第五节　结果分析

一、城乡教育投资差异

根据舒尔茨等的人力资本理论，教育能够通过提高动态经济条件下人的配置能力，促进就业和提高收入水平。在市场经济条件下，人力资本的投入决定着收入差距，人力资本投入量越高，就有更大的可能性获得更高的收入，反之，得到较低的收入。城乡收入差距事实上代表着城乡经济增长差距，根据人力资本经济增长理论，城市比农村有着更多的人力资本存量，因此经济增长速度不同，从而导致了城乡不断扩大的收入差距。而国家对教育的投入水平决定着人力资本的投入水平。

城乡居民收入差距的分解结果说明教育在较大程度上解释了城市的收入差距，理论上是可以被接受的。但是我国城乡教育在投入方面就存在了很大的差异，这些差异不会体现在分解的结果上，城乡居民本身获得教育资源及质量是不同的，所以教育的作用可能被低估。

我国城乡教育投入的差距在两个方面——财政上的教育支出差距及教育质量差距，而且教育支出差距决定着教育质量差距。长期以来，我国的教育经费主要来源于国家财政投入，尽管近些年国家对基础教育，农村教育开始逐渐重视起来，但是以往长期实施的重视高等教育以及城乡偏向的教育投入，使我国城乡教育水平差距越来越大。我国农村拥有70%以上的人口，却只拥有56%左右的全国义务教育经费。随着义务教育在农村的发展，目前需要农村地区自身负担的教育经费投入比率可能比以前要低，但在绝对的投入数量上仍然是很大的，仍然是农村地区很大的负担。

城乡教育质量差距主要表现为城乡师资力量的对比及城乡不同的师生比。虽然目前我国总体教育师资力量在不断提高，但是城乡之间的师资质量差距却在不断增大，在缺乏政府的支持且完全在市场机制的作用下，优秀的师资力量会由于城市较高的个人收入和良好的教学环境而涌向城市，农村地区在得不到政府支持的情况下，师资力量不断流失，长期徘徊在较低水平上。城市地区教师的学历水平在不断提高，中小学教师开始本科化，甚至研究生化、博士化，而农村地区缺乏合格的教师，因此而导致农村地区的教育发展面临巨大的瓶颈。

二、城乡医疗投入差异

（一）医疗投入

社会保障制度是以国家为主导的国民收入的再分配，向那些失去劳动能力或由于各种原因生活困难的居民提供各种物质保障的制度，目的在于保障其基本生活能力，体现公平的原则。在我国城乡间社会保障并不均等，在改革开放之前，城镇居民及企业职工享有的社会保障事实上都由国家直接负担，或者由国有企业全部承担，这些保障完全伴随着城镇居民的一生，并且是全方位且相对高水平的。而同期农民的保障仅有困难时期国家的转移支付，以及依靠于集体经济的医疗保障等，其实大部分的保障完全要农民自己承担，可以称之为家庭保障，农民承包的土地不仅是生产资料，也是农民最后的保障。改革开放之后，城市的保障体系更加健全，养老、医疗、工伤、失业保险等逐步完善，保障体系更加全面系统，但农村地区的社会保障制度并没有多少实质性的变化，这种城乡分离的保障制度使得城市居民拥有着诸多显性的社会保障以及各种隐性的福利，有利于提高生产效率和收入水平，而农村受限于极低的社会保障水平，健康状况等水平低下。农村的收入主要依赖于土地的生产经营，农民收入来源的单一，社会保障制度，尤其是医疗制度的不健全，使农村居民抵抗风险的能力很低。

（二）医疗保险意识

城乡居民在医疗保险意识上也存在很大的差异，从健康方面看，农村居民的健康状况与城市居民差距不大，而且甚至稍微比城市居民健康状况更好一些。首先，农村居民对自己健康状况的评价因为其医疗意识和对自身健康状况的认识程度不同而可能被高估。其次，农村居民参与医疗的意识明显低于城市，农村居民身体不适的时候大多是拖延不去进行医治的，即便有一些小的健康问题也不会认为很严重，医疗参与程度较差。最后，财政对于农村医疗设施等方面的投入也明显低于城市地区，因此农村的医疗设施和医疗水平都较为低下。在医疗投入和医疗意识上的不同，也会使城乡收入在初始点上就已经存在差距。

第四章　行业及所有制分割

第一节　相关研究进展

改革开放三十多年来，我国的巨大成果反映在人们生活的各个方面，但伴随着城镇居民收入水平的不断提高，收入差距不断扩大，我国的基尼系数由 0.29 升至 0.46；甚至出现了两极分化的趋势（宋冬林，1995；辜胜阻，1996；黄爱军，1999；卢嘉瑞，2003）；李实（2000）、陆铭和陈钊（2004）、陈斌开等（2009）、陈宗胜和周云波（2001b）、杨灿明等（2003）、潘明星和黄梓洋（2004）分别从政府政策、城乡差别、城市内部差别、行业差别、地区差别、个体能力差异、个体资源差异、税收等角度对我国收入差距扩大的各种形成路径进行了研究；金玉国（2005）用面板分析方法算出，不同行业之间的工资存在巨大差异；管晓明和李云娥（2007）通过行业基尼系数的计算得出，垄断行业的高工资已成为导致贫富差距的重要因素。薛继亮和李录堂（2010）也实证研究了行业之间的收入差距；武鹏和周云波（2011）研究发现，我国行业收入分布呈现出一种"富者愈富、穷者愈穷"的马太效应特征。在 20 世纪 90 年代初期主要表现为，高收入行业与低收入行业明显增多，中等收入行业数量明显减少，且高收入行业的收入水平远高于低收入行业。进入 21 世纪，低收入行业变得更多，高收入行业内部也出现了分化，最高收入行业收入增长得更快；蔡敬梅（2013）运用面板数据模型，分析了我国行业差距的变动趋势。结果发现，自 1986 年以来，我国行业收入差距逐步扩大，1992 年以后变得尤为明显，近些年，行业收入差距有下降的趋势，但是十分有限，整体差距水平仍然十分高。总之，行业收入差距的日益扩大，表明就业歧视和工资差距依然显著，劳动力资源无法充分合理配置，这将进一步导致资源效率下降和社会福利损失。

所以，行业间工资差异的问题逐步受到中国学者的关注。现有文献主要从个人特征和行业特征两个角度论述行业工资差异的成因。从个人特征的角度，有学者主要拓展了 Becker（1962）和 Mincer（1974）的研究，认为由人力资本投资、性别、工作经验等个人特征造成的差异是行业工资差异存在的主要原因，而对中国行业工资差异的现实验证表明，在控制了个体特征变量之后，行业间工资差异依然存在（吕康银和王文静，2008）。以 Lucas（1988）为代表的人力资本外部性理论对此提出了新的解释，因劳动者所处的行业不同，人力资本通过学习而产生的"行业溢出效应"存在很大差异（Sakellariou，1995）。陈钊等（2009）认为，拥有社会关系、家庭背景的个体更利于进入收入高的行业，垄断行业内部职工子女比"外部人员"更易于进入垄断部门，这些非市场性因素在一定程度上会加剧并维系行业收入不平等的趋势。马骊（2009）基于人力资本视角研究行业收入差距时，发现代表行业人力资本的指标每提高一个点，行业收入差距将提高 0.383点；另外，行业内高素质人才增加会扩大行业收入差距。熊广勤和张卫东（2010）运用分位数回归的方法研究了教育对居民个人收入分配的影响，表明教育对居民收入有显著影响。张世银和龙莹（2010）利用 2003~2008 年 19 个行业的数据建立面板模型，分析不同因素对行业收入差距的影响，结果发现行业劳动生产率是决定行业收入差异的重要因素，并且对垄断和人力资本水平也产生了一定影响。徐舒（2010）利用中国健康与影响调查数据建立了一个基于技能偏向型技术创新的一般均衡模型，证明教育回报率的变化是引起中国劳动者收入不平等扩大的重要原因。劳动者平均受教育程度的提高降低了收入不平等，但技能偏向型技术创新却在更大程度上提高了教育的边际收益率,最终的结果仍然是收入不平等的加剧。Abe（2010）研究表明，受教育程度这一人力资本特征，在缩小行业间工资差距的问题上，发挥着非常积极且重要的作用。王忠和李彩燕（2011）研究发现，反映人力资本的教育程度对行业收入差距的贡献程度非常明显。凌继全和毛雁冰（2012）在其研究中提出，在行业工资差距扩大中，由于人力资本因素的门槛效应，行业中高质量劳动力的增多会扩大行业工资差距。陈涛（2014）认为，在影响行业收入差距的因素中，垄断和人力资本是主要因素，其中人力资本逐步成为最主要因素。孙敬水和于思源（2014）对行业问卷调查数据使用 Shorrocks 分解分析得到，人力资本对行业收入差距的影响最大，所有制、垄断等制度因素也较大。

另外，学者多以所有制性质或垄断作为行业特征分析行业工资差异的成因。认为垄断行业依靠独占资源和行政特权，限制正常竞争，从而获得超额回报，因此,只有消除行业垄断，引入竞争机制才能够缩小行业工资差异(岳希明等,2010)。张原（2011）基于利润分享模型、垄断-非垄断两部门模型，建立了产品价格垄断的分配模型，并将要素价格予以考虑对模型进行拓展分析，主要讨论了行业间收入差距的内在影响机制，认为垄断部门依赖产品与要素市场双重垄断，破坏了生产效率与分配公平，造成行业收入差距日益扩大。林毅夫（2012）认为，垄断行业为保护其既得利益，不断寻求政府额外补贴的行为和过程，会为其创造寻租的机会和实践，继而会恶化社会风气，滋生腐败，最终必将严重威胁党和政府的生存。惠宁和郭淑娟（2012）通过对 16 个垄断行业的细分，研究发现，垄断行业职工得到的各种补贴、津贴、实物收入、在职消费等各种福利远远高于非垄断行业。这在一定程度上造成了行业间的收入差距。于良春和营敏杰（2013）分别选取了银行业和通信、计算机设备制造业作为垄断性行业和非垄断性行业的典型代表，利用费景汉-拉尼斯分解方法分解两个行业最新统计数据，推算出垄断是造成行业间收入差距过大的重要因素。王倩（2013）研究垄断行业高收入的形成原因发现，行政垄断是其制度基础；所有者缺失、内部人控制和政府监管乏力是其根本原因；现行工资绩效挂钩的制度加剧了这一现象；劳动力市场分割对垄断性行业高收入和行业收入差距扩大有推波助澜的作用。陈享光和孙科（2014）通过实证分析，得出了以下结论，行政垄断程度，在行业间工资差距的形成这一问题上，具有很大的贡献，同时在这一时期，呈现出"倒 U 形"曲线的特点。林峰（2014）利用 2006~2011 年的面板数据，通过实证检验，结果表明行政垄断是造成行业收入差距的结构性根源。彭树宏（2014）通过对行业工资差距的细分，发现经过细分后工资差距表现出高者越高，低者越低的马太效应。可以说，由个人特征引起的行业工资差异是行业运行效率的体现，而行业特征造成的行业工资差异通常被学者认为是低效率且不公平的表现。劳动力市场的行业所有制分割，是导致劳动力市场资源配置效率下降的主要原因之一。

第二节 劳动力市场分割的存在性证明

一、不同行业教育回报率

通过各行业人均教育年度与职工平均工资比较分析，也可以得出行业存在分割的结论。各行业的人均教育年度不同，其工资水平在理论上必然存在着差异，一般来说，受教育程度高的行业平均工资应该处于领先水平。即受教育程度决定人力资本投资，人力资本投资决定工资水平。表 4.1 为 2013 年各行业人均教育年度与职工平均工资表。

表4.1 2013年各行业人均教育年度与职工平均工资表

项目	人均受教育年度/年	教育排序	行业职工平均工资/元	工资排序
16 教育	14.431	1	51 950	10
13 科学研究和技术服务业	14.168	2	76 602	3
19 公共管理、社会保障和社会组织	13.971	3	49 259	13
10 金融业	13.869	4	99 653	1
17 卫生和社会工作	13.849	5	57 979	9
4 电力、热力、燃气及水生产和供应业	12.869	6	67 085	4
18 文化、体育和娱乐业	12.738	7	59 336	7
12 租赁和商务服务业	12.582	8	62 538	5
7 信息传输、软件和信息技术服务业	12.394	9	90 915	2
11 房地产业	12.001	10	51 048	11
2 采矿业	11.529	11	60 138	6
14 水利、环境和公共设施管理业	11.451	12	36 123	17
6 运输、仓储和邮政业	10.977	13	57 993	8
8 批发和零售业	10.890	14	50 308	12
3 制造业	10.800	15	46 431	14
15 居民服务、修理和其他服务业	10.186	16	38 429	16
9 住宿和餐饮业	10.176	17	34 044	18
5 建筑业	10.151	18	42 072	15
1 农、林、牧、渔业	8.221	19	25 820	19

资料来源：《中国劳动统计年鉴》（2014年）

通过对人均教育年度和人均工资水平进行排序，然后分别用Spearman方法进行秩相关检验，得到表4.2的结果，可见用Spearman方法在0.01的显著性水平下，但相关系数仅为0.684，说明行业收入反映了市场的报酬规律，体现了劳动力的市场化，但人力资本投资对工资关联性较小。

表4.2 教育程度与工资水平相关性检验

			edu	pay
Spearman's rho	edu	correlation coefficient	1.000	0.684**
		Sig.（2-tailed）	.	0.001
		N	19	19
	pay	correlation coefficient	0.684**	1.000
		Sig.（2-tailed）	0.001	.
		N	19	19

**表示该系统估计值在0.05的水平上显著（2-tailed）

另外，本章通过测算不同行业的人力资本贡献率，进一步探究人力资本本投资与行业收入的关联性。现将数据处理如下：人均教育年度由《中国劳动统计年鉴》（2014年）资料整理计算得到各行业人员不同受教育程度人数占行业总人数比分别乘以各行业教育人年数，其中不识字或少识字（2年）、小学（6年）、初中（9年）、高中（12年）、大专（15年）、大学（16年）、研究生（19年）。

各行业每1%员工拥有的人力资本的数量占全国总量的比重的计算：首先，查《中国劳动统计年鉴》（2011年）得到计为 A_t。其次，求出各行业人力资源的相对量计为 $L_t=2E_{1t}+6E_{2t}+9E_{3t}+12E_{4t}+15E_{5t}+16E_{6t}+19E_{7t}$，其中 E_{st}（$s=1, 2, \cdots, 7$; $t=1, 2, \cdots, 19$）表示某行业某种教育水平的劳动力数量占全国的比重。

各行业人力资源拥有量占全国总量的比重：$M_t=L_t/[(2+6+9+12+15+16+19)\times 100]=L_t/7\,900$，最近各行业每1%员工拥有的人力资本的数量占全国总量的比重的计算：$N_t=M_t/A_t$，对人员素质（以行业每1%员工拥有的人力资本的数量占全国数量比重代表）和平均工资进行排序（表4.3），并进行相关分析，得到表4.4，可见人力资本投资和平均工资之间相关性很弱，行业中虽然存在着市场性分割，但行业工资的差距更多的是与行业本身相关联。

通过表4.5可以观察到，大多数行业的教育排序与工资排序持平或教育排序高于工资排序，说明市场上大都存在着市场性分割。教育排序低于工资排序的行业包括金融业（10）、电力、燃气及水的生产和供应业（4）、文化、体育和娱乐业（18）、租赁和商务服务业（12）、信息传输、软件和信息技术服务业（7）、采矿业（2）、交通运输、仓储和邮政业（6），这些行业的工资水平并非是以受教育程度为劳动者的定价标准，因此也可以得到结论，除了市场性分割外，还有其他因素造成劳动力市场的分割。

表 4.3 不同行业的人力资本贡献率

行业	1	2	3	4	5	6	7	8	9	10	11	12	13	14	15	16	17	18	19
行业劳动力数量占全国的比重/% (A_t)	1.6	3.5	29.0	2.2	16.1	4.7	1.8	4.9	1.7	3.0	2.1	2.3	2.1	1.4	0.4	9.3	4.3	0.8	8.7
未上过学 (E_{1t})	54.0	0.5	13.5	0.2	5.1	1.5	1.3	9.5	4.1	0.1	0.5	0.4	0.1	0.7	4.0	1.2	0.8	0.9	1.2
小学 (E_{2t})	40.8	0.5	17.3	0.3	8.6	3.3	1.1	12.4	4.5	0.4	1.2	0.8	0.1	0.9	4.5	0.7	0.8	0.5	1.1
初中 (E_{3t})	17.6	1.6	25.5	0.7	8.7	6.3	2.4	18.6	5.6	0.8	1.0	1.2	0.3	0.6	4.9	1.1	0.9	0.8	1.6
高中 (E_{4t})	4.9	2.0	25.1	1.8	5.3	7.1	3.4	22.1	5.0	2.0	1.8	2.0	0.8	0.7	4.4	2.4	2.6	1.5	5.1
大专 (E_{5t})	1.1	1.8	18.0	2.5	4.2	4.8	4.7	15.1	2.3	4.4	2.3	3.0	1.4	0.9	2.1	8.4	7.4	2.2	13.3
大学本科 (E_{6t})	0.6	1.4	13.4	2.3	3.4	3.4	5.2	8.6	1.3	6.7	1.8	3.3	2.7	1.0	1.3	15.5	7.7	2.6	17.7
研究生 (E_{7t})	0.3	0.8	11.6	1.0	1.4	1.8	7.1	4.4	0.3	6.8	1.0	4.4	7.7	0.7	0.4	24.0	10.0	2.9	13.3
各行业人力资源相对量 (L_t)	601.5	107.7	1364.2	123.7	347.5	325.7	359.8	973.7	207.5	337.0	121.8	221.5	223.5	64.7	92.7	875.6	470.4	158.8	821.8
各行业人力资源量占全国总量比重/% (M_t)	7.6	1.4	17.3	1.6	4.4	4.1	4.6	12.3	2.6	4.3	1.5	2.8	2.8	0.8	2.4	11.1	6.0	2.0	10.4
各行业每1%员工拥有的人力资本的数量占全国数量比重/% (N_t)	4.7	0.4	0.6	0.7	0.3	0.9	2.5	2.5	1.6	1.4	0.7	1.2	1.3	0.6	6.1	1.2	1.4	2.5	1.2

表4.4　人力资本投资和行业平均工资相关性检验

			N_t	pay
Spearman's rho	N_t	correlation coefficient	1.000	−0.011
		Sig.（2-tailed）	.	0.966
		N	19	19
	pay	correlation coefficient	−0.011	1.000
		Sig.（2-tailed）	0.966	.
		N	19	19

表4.5　各行业人均教育年度与职工平均工资排序表

项目	教育排序 2003年	教育排序 2008年	教育排序 2013年	工资排序 2003年	工资排序 2008年	工资排序 2013年
16教育	1	1	1	11	12	10
13科学研究和技术服务业	3	2	2	3	3	3
19公共管理、社会保障和社会组织	2	4	3	10	8	13
10金融业	4	3	4	2	2	1
17卫生和社会工作	6	5	5	8	9	9
4电力、热力、燃气及水生产和供应业	10	8	6	4	4	4
18文化、体育和娱乐业	7	9	7	5	6	7
12租赁和商务服务业	11	7	8	7	7	5
7信息传输、软件和信息技术服务业	5	6	9	1	1	2
11房地产业	8	10	10	6	11	11
2采矿业	15	15	11	12	5	6
14水利、环境和公共设施管理业	9	11	12	15	17	17
6交通运输、仓储和邮政业	12	12	13	9	10	8
8批发和零售业	13	13	14	18	13	12
3制造业	14	14	15	13	14	14
15居民服务、修理和其他服务业	17	17	16	14	15	16
9住宿和餐饮业	16	16	17	17	18	18
5建筑业	18	18	18	16	16	15
1农、林、牧、渔业	19	19	19	19	19	19

资料来源：由《中国劳动统计年鉴》（2004年、2009年、2014年）相关数据计算处理而得

二、劳动力市场行业分割的证明

劳动力市场中的所有制分割是指体制内市场（国有单位）与体制外市场（非国有单位）之间的分割。体制内市场是指在国有部门主要通过国家的一系列行政制度对劳动力进行计划配置。体制外市场是指非国有部门对劳动力资源的配置，主要是通过市场信号（如工资）来进行的。改革开放前，我国国有经济占主导地位，劳动力基本上是由统一的行政计划配置。改革开放后，市场成为资源配置的重要手段，体制内劳动力市场边缘逐渐松动，体制外劳动力市场日渐发展壮大。我国的就业体制由原来的单一就业制过渡到双轨制就业。体制内与体制外劳动力市场同时并存，但是它们在收入分配、用工方式、社会保障等各个方面存在明显的差异。在此我们以已获得数据的吉林省为例，研究其劳动力市场所有制分割程度。

如表 4.6 和图 4.1 所示，从相对比例来看，吉林省国有单位职工占全部职工比例很高，用这一组数据表示吉林省企业的所有制结构可以看出，这一数值虽然有些下降，但仍然保持在 50% 以上，说明现在国有单位垄断程度仍然很高；同时国有职工工资总额占全部职工工资总额的相对比重也较大，2004 年以前都高达 70% 以上，到 2013 年达到历史最低点，为 51.96%，虽然从中可以看出其有下降的趋势，但是其降幅也不明显，这些比较说明有可能存在着所有制垄断，而该垄断性有可能与工资水平有一定关系。

表4.6 吉林省国有单位职工人数及工资总额与吉林省全部职工人数及总额的比较

年份	职工人数/万人	国有单位职工人数/万人	国有单位职工占全部职工之比	工资总额/万元	国有单位工资总额/万元	国有职工工资与工资总额之比
1978	324.92	250.02	0.77	214 393	176 392	0.82
1979	348.59	257.5	0.74	234 639	189 914	0.81
1980	373.88	270.5	0.72	275 684	219 028	0.79
1981	396.48	282.81	0.71	298 349	232 138	0.78
1982	411.24	292.3	0.71	323 142	250 121	0.77
1983	421.88	296.87	0.70	340 615	259 049	0.76
1984	431.34	293.07	0.68	393 211	292 467	0.74
1985	449.51	304.43	0.68	474 432	352 057	0.74
1986	470.9	320.78	0.68	556 845	417 486	0.75

续表

年份	职工人数/万人	国有单位职工人数/万人	国有单位职工占全部职工之比	工资总额/万元	国有单位工资总额/万元	国有职工工资与工资总额之比
1987	486.11	331.87	0.68	644 136	484 259	0.75
1988	497.48	343.69	0.69	789 012	595 701	0.75
1989	509.45	352.74	0.69	870 776	662 084	0.76
1990	517.31	361.98	0.70	951 989	734 882	0.77
1991	533.44	371.8	0.70	1 063 309	816 534	0.77
1992	541.53	379.27	0.70	1 220 550	945 410	0.77
1993	542.99	379.86	0.70	1 423 561	1 109 906	0.78
1994	530.13	384.6	0.73	1 887 916	1 509 813	0.80
1995	520.38	386.65	0.74	2 210 027	1 809 128	0.82
1996	513.31	385.81	0.75	2 636 962	2 164 775	0.82
1997	500.89	375.88	0.75	2 745 277	2 214 025	0.81
1998	374.12	286.44	0.77	2 465 545	1 967 822	0.80
1999	352.61	265.75	0.75	2 532 839	1 969 551	0.78
2000	329.91	247.04	0.75	2 649 607	2 037 696	0.77
2001	313.26	230.24	0.73	2 775 443	2 102 269	0.76
2002	298.26	216.4	0.73	3 005 549	2 251 039	0.75
2003	286.8	204.4	0.71	3 215 531	2 298 500	0.71
2004	279.38	195.4	0.70	3 500 716	2 460 166	0.70
2005	257.94	176.34	0.68	3 774 008	2 597 306	0.69
2006	259.94	171.14	0.66	4 310 888	2 916 500	0.68
2007	256.52	165.94	0.65	5 287 046	3 612 104	0.68
2008	255.83	164.94	0.64	6 014 107	4 067 347	0.68
2009	257.9	160.19	0.62	6 781 647	4 406 877	0.65
2010	259.51	161.25	0.62	7 626 800	4 922 713	0.65
2011	267.57	163.45	0.61	9 190 240	5 721 524	0.62
2012	274.33	163.3	0.60	11 072 962	6 686 141	0.60
2013	320.63	166.6	0.52	14 766 085	7 900 621	0.54

资料来源：由《吉林统计年鉴》（1979~2014年）整理计算得出

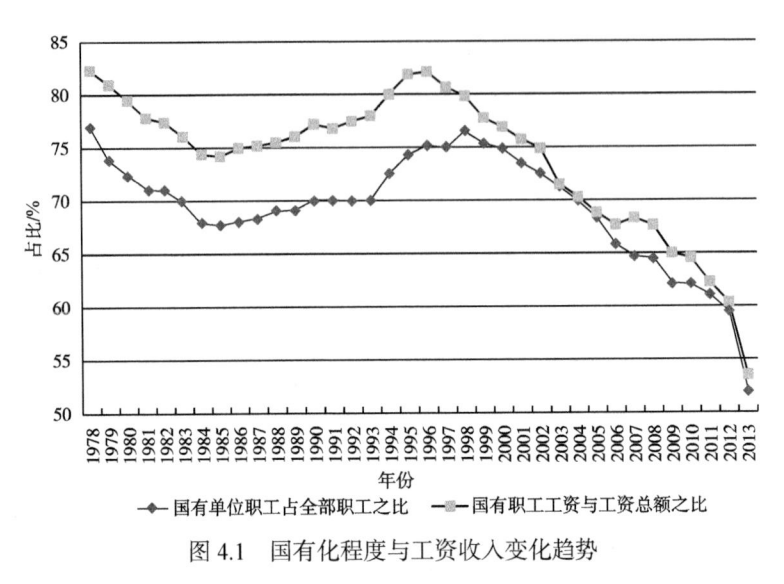

图 4.1 国有化程度与工资收入变化趋势

进一步地，将所有制垄断程度与工资水平进行相关分析（表 4.7），所有制和工资水平之间的相关系数达到 0.889，相关程度较高。故而看出在吉林省确实存在着所有制之间的分割现象。

表4.7 国有单位垄断程度和工资水平的相关矩阵

类别	所有制垄断程度	工资水平
所有制垄断程度	1	0.889***
工资水平	0.889***	1

***表示该系数估计值在 0.01 的水平上显著（2-tailed）

研究收入差距的角度有很多，而且随着我国国有企业改革的不断深入，由所有制因素引起的工资差距有减小的趋势，而城市行业收入差距扩大的问题却突显出来。行业分割因素造成的行业收入差距问题虽然一直存在，但在计划经济时代，由于实行平均主义的分配制度，行业间职工的收入差距很小。改革开放以后，我国打破了"大锅饭"的分配制度，城市内部不同经济类型和不同行业职工平均工资的增长速度存在很大差别。1995~2014 年，平均货币工资收入最高最低行业之比由最小的 2.18：1 扩大为 2005 年的 4.73：1，此后的极值比一直呈现逐渐走低的态势（图 4.2）。

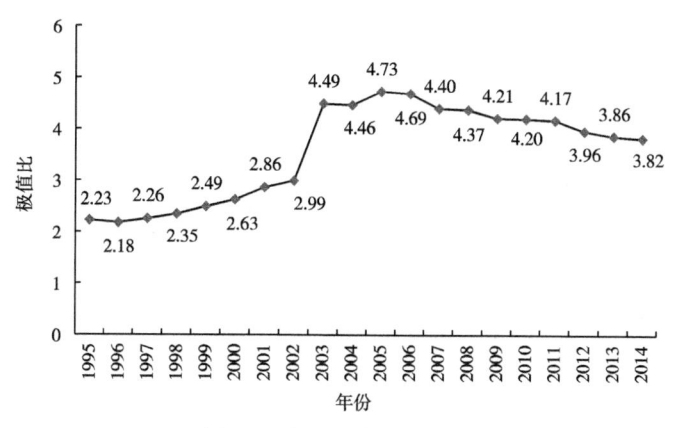

图 4.2　行业工资差别倍数

可以从另一个角度验证，行业间差距呈现不断扩大趋势，运用宏观数据反映垄断与非垄断行业工资差距呈现的两极化。对行业间职工工资差别的描述，在此选用行业职工工资极值比、极值差、行业加权平均收入比、标准差系数等指标来反映（表4.8）。

表4.8　城市行业间工资收入差别指标

年份	极值比	极值差	W_m/W_n	标准差系数
1995	2.23	4 321	1.52	18.94
1996	2.18	4 766	1.55	19.59
1997	2.26	5 423	1.62	21.63
1998	2.35	6 105	1.60	20.95
1999	2.49	7 214	1.67	22.14
2000	2.63	8 436	1.70	22.97
2001	2.86	10 696	1.77	24.47
2002	2.99	12 737	1.79	25.35
2003	4.49	24 013	2.07	33.09
2004	4.46	25 952	2.10	32.36
2005	4.73	30 592	2.17	33.68
2006	4.69	34 166	2.22	34.29
2007	4.40	36 853	2.28	34.14
2008	4.37	42 346	2.34	35.10
2009	4.21	46 042	2.31	34.42

续表

年份	极值比	极值差	W_m/W_n	标准差系数
2010	4.20	53 429	2.33	34.61
2011	4.17	61 640	2.28	33.53
2012	3.96	67 056	2.25	33.08
2013	3.86	73 833	2.25	33.47
2014	3.82	79 917	2.24	33.54

资料来源：根据《中国统计年鉴》（1996~2015 年）整理计算得出

表 4.8 反映的是居民贫富两极化程度的极值比、极值差。可以看出，城市垄断高收入行业与非垄断低收入行业的差距明显，而且二者的收入差距呈现加速扩大趋势，从收入最高五类垄断行业与收入最低五类非垄断行业的加权平均收入比 W_m/W_n 看，垄断行业与非垄断行业之间的差距同样也在不断扩大，城市垄断高收入行业的收入增长程度明显高于非垄断低收入行业，2002 年以前高低收入行业之间工资差距虽有增加，但趋势较为缓慢，但 2002 年之后，高低收入行业之间工资差距呈现出明显加速扩大的态势，到 2008 年已经扩大到最大 2.34 倍，而后差距又稍有缩小，如果将住房、医疗、福利等其他非工资性货币收入考虑进去后，垄断与非垄断行业间工资差距会更大，两极分化问题突出。如果收入分配不能得到有效调解，长期发展下去很容易激发低收入者的不满情绪，成为社会不稳定的潜在因素。此外，从反映城市全部行业间平均收入变异程度的标准差系数看，近 10 多年来城市行业间的收入差距呈发散状态，而且发散速度在加快，这除了受产业结构调整因素影响外，更多地反映了不同行业间工资水平处于不断波动之中，社会收入分配不公程度加深，对社会贫富差距的拉大以及两极分化起到了推波助澜的作用，不利于社会的稳定发展。

行业间收入差距理论上应该由行业间不同的平均生产率决定，而古典经济学家认为，当生产力发展到一定程度，各个行业的行业产出水平应该是趋同的。相应地，行业间收入差距应该呈现出缩小而不是扩大的趋势。行业收入差距扩大部分是因为市场对资源配置的作用增强，从而人力资本成为决定收入的主要因素。此外，劳动力市场行业分割和歧视等因素也阻碍了劳动力的自由流动，使行业收入差距进一步扩大。由市场作用的增加带来的收入差异作为一种激励机制是合理的；但行业分割和歧视带来的劳动力流动不畅和弱势群体的突现，则是行业收入差距中的不合理部分。行业分割阻碍了劳动力市场的运行效率，导致整个社会的福利损失。如果这种差距扩大的状况长期得不到改善，就会造成低收入群体的生活困难,甚至引起这部分群体对社会制度丧失信心,违背我国建立和谐社会的最终目标。

我国的垄断企业往往不是通过残酷的市场竞争优胜劣汰后而逐渐取得垄断地位的,而是在旧有的体制下由国家直接投资于某一行业或产业而形成的。垄断企业大多为国有独资或国家绝对控股,具有纳税人和向政府上缴利润的双重身份,它们或者由政府直接经营,或者由政府通过对经营者人事权的控制而实现对该企业的控制,该行业的管理部门往往与垄断企业之间具有十分密切的利益关系甚至合谋。垄断企业往往能借助法律或行政的力量来获取其市场地位和市场力量,导致在某一产业或行业中企业的数量较少,很难形成竞争,这样的垄断状态有别于市场经济发达国家的垄断形式,称为行政垄断。因此,行政垄断是垄断在我国的一种特殊表现形式,其基本内涵是指某一行业或产业内的经营者依赖并滥用其独占地位或市场支配地位形成的行业优势对该行业或产业的产品或服务的垄断。正是由于有行政垄断的保护,自然垄断行业内部一些已不具备自然垄断特征的环节,仍然被看做自然垄断,限制竞争,从而引发了严重的低效率。

从表 4.9 可以看出,近十多年来,城镇垄断行业职工的名义工资增长率总体上要远高于 GDP 的增长率。垄断行业凭借其在生产、销售及服务等领域的垄断地位,长期获得垄断利润,为这些行业职工获取高工资创造了有利条件。国有垄断行业"所有者缺位"和公司治理结构失衡以及内部人控制等问题突出,致使企业尽量压低利润中上缴国家和企业自身积累部分,增加个人分配的份额,甚至会出现企业亏损而职工收入增加的反常现象。利润分配上向个人倾斜导致了部分国有资产流失,增加了国有垄断企业的经营成本,给国家带来了损失。

表4.9　部分国有垄断行业名义工资增长率(单位:%)

年份	电力	交通	金融	GDP指数	人均GDP指数
1999	9.9	12.1	13.3	7.6	6.7
2000	11.4	12.1	11.9	8.4	7.6
2001	13.7	15.0	20.8	8.3	7.5
2002	12.7	13.2	17.6	9.1	8.4
2003	13.0	-1.8	8.6	10.0	9.3
2004	16.0	14.7	16.9	10.1	9.4
2005	14.9	15.7	20.3	11.3	10.7
2006	14.8	15.3	21.4	12.7	12.1
2007	17.8	15.7	24.0	14.2	13.6
2008	15.1	14.8	22.5	9.6	9.1
2009	8.7	10.2	12.1	9.2	8.7
2010	13.0	14.6	16.1	10.6	10.1

续表

年份	电力	交通	金融	GDP指数	人均GDP指数
2011	11.4	16.3	15.6	9.5	9.0
2012	10.4	13.4	10.6	7.7	7.2
2013	15.3	8.6	11.0	7.7	7.2
2014	9.3	9.4	8.7	7.3	6.7

资料来源：根据《中国统计年鉴》（2000~2015年）计算整理得出

我国当前分配秩序混乱，最突出的行业是城市部分垄断行业，而这些垄断行业多数属于我国体系转轨过程中出现的一种特殊垄断形态，即行政性垄断，它是政府依行政命令制造市场进入障碍和市场歧视，保护某些既得利益者，限制竞争，通过立法使某些垄断合法化，在收入分配上表现出如下共性：①国有垄断较竞争性行业更容易获得超额利润，为行业工资的提高创造条件。②国有垄断行业在很大程度上是"所有者缺位"的，因而在利益分配上，企业更倾向于减少上缴国家和自身累积的份额而增加个人分配的份额。③行政性垄断导致行业市场压力弱化，即使整体亏损，工资福利水平也会高于社会平均水平。

通过以上两部分的分析可以判断，我国劳动力市场除市场分割外，还存在损失市场效率的行业分割，该行业分割的形成在很大程度上受行政垄断的影响，但随着改革的深入，除了行政垄断对劳动力市场行业分割存在影响外，还需要考虑行业自身发展过程中形成的人力资本投资回报特点，所以在接下来的实证研究部分，本书将以吉林省为例，分两部分实证分析我国劳动力市场行业分割的状况及其影响因素。

第三节 实证研究

一、劳动力市场垄断性分割的实证分析

（一）数据、研究方法和步骤

本章所使用的数据包括两个方面，一方面来自《中国统计年鉴》（1979~2015年）和《中国劳动统计年鉴》（2002~2014年）的宏观数据，另一方面是来自研究设计的"劳动力市场状况调查问卷"，对我国各地区的城镇劳动力市场状况进

行调查。调查共收回 1 018 份问卷，但由于调查样本比较分散，而多数问卷集中在吉林省内部，故选择吉林省的数据作为可用样本。该调查收集了一些个人资料，如收入、性别、年龄、文化程度、工作经验、工作单位性质及职业性质和所属行业等。其中，有效问卷为 689 份，且调查者中男性 319 份占 46.30%，女性 370 份占 53.70%。表 4.10 是按照行业性质来描述样本特征的。

表4.10 吉林省劳动力市场样本数据特征

连续变量	垄断行业 均值	垄断行业 标准差	非垄断行业 均值	非垄断行业 标准差	均值差异
受教育年限/年	3.32	2.99	12.18	3.03	0.16
总工作年数/年	6.0	3.68	6.51	3.53	-0.51
离散变量	百分比		百分比		百分比差异
受过高等教育/%	30.8		28.72		2.08
有过失业经历/%	12.46		23.53		-11.07
行政管理人员/%	14.88		10.38		4.50
国有职工/%	21.69		17.65		4.04

资料来源：根据"吉林省 2007 年劳动力市场状况"调查问卷计算得出

研究方法方面，本章主要研究的是城市劳动力市场制度性分割的程度，其在劳动力市场上的表现是二元的劳动力市场分布状况以及不同类型劳动力市场逐渐扩大的收入差距。因此研究城市劳动力市场制度性分割程度的问题就转化成研究不同分割的劳动力市场收入差距的问题。按照全书的研究框架，本章主要从行业分割角度研究劳动力市场收入差距问题[①]。

针对这个角度的研究，利用面板数据、格兰杰因果关系检验分析及行业内部基尼系数、泰勒指数等分析工资差异存在性及其相关性；按照市场化程度用 SPSS13.0 统计分析对行业进行聚类，将我国行业类型分为垄断行业和非垄断行业；进而估计各类型工资方程；拟用 Oaxaca-Blinder 方法对城市内部不同群体间的工资水平进行分解，找出工资差异中有多少是劳动者个人特征造成的，有多少是制度性因素造成的，从而探究我国城市劳动力市场制度性分割的形成机理。

---

① 研究收入差距的角度有很多，而随着我国国有企业改革的不断深入，由所有制因素引起的工资差距在不断缩小，城市行业收入差距扩大的问题也就突显出来。

（二）国有垄断对劳动力市场分割影响的实证结果分析

1. 行业工资差异的存在性及相关性因果检验

在考查收入差距时，往往借助于基尼系数、变异系数、泰尔系数及泰尔二次测度来对所要研究对象的收入差距进行测度。

1）基尼系数

根据我国各行业收入分配状况的统计数据我们将基尼系数定义法结合洛伦茨曲线求解，考查垄断行业及政府行政事业、公共服务等部门对行业差距的影响，其计算公式为

$$G = 1 - \sum_{i=1}^{n} p_i(2Q_i - w_i)$$

基尼系数的测算方法要求全部人口分为 n 组，各组人口和收入份额为 p_i 和 w_i；各组均值收入为 m_i 升序排列，即 $m_1 \leq m_2 \leq \cdots \leq m_n$，$Q_i = \sum_{k=1}^{i} W_k$ 表示从第 1 至第 i 组的累计收入份额。总体基尼系数等于 1 减去洛伦茨曲线下 $2n$ 个近似梯形面积之和。

2）变异系数

变异系数（coefficient of variance，CV）测度一组数据之间差异的程度。通常也被叫做相对标准差（relative standard deviation）。其计算公式为

$$CV = (S/\overline{X}) \times 100$$

其中，S 为标准差；$\overline{X}$ 为平均值。

3）泰尔二次测度——L

$$L = \frac{1}{n} \sum_i \log \frac{m}{y_i}$$

其中，y_i 表示第 i 个家庭户的收入；n 表示总体家庭户个数；m 表示总体收入的代数平均值。

4）对数收入的变异系数

$$V = \sum_i (\log m^* - \log y_i)^2 / n$$

其中，y_i 表示第 i 个家庭户的收入；n 表示总体家庭户个数；m^* 表示收入的几何平均值。

为了更直观描述出吉林省行业间发展的不平衡，本章利用各种关于收入分配

差异的测度指标，计算出 1995~2013 年各行业相关的收入差异系数。所有收入数据取自 1995~2013 年吉林省各行业劳动者平均工资，其中，y_i 表示该年第 i 个行业劳动者的平均工资水平；n 表示横截面所取的行业（其中 2003 年以后为 19，其他年份为 16）；m 表示该年份各行业工资的代数平均值；m^* 表示相应各行业工资的几何平均数，计算结果如表 4.11 所示。

表4.11　1995~2004年国家与吉林省各行业收入差距的情况的对比

年份	行业变异系数 国家	行业变异系数 吉林省	行业泰尔二次指数 国家	行业泰尔二次指数 吉林省	对数收入的变异系数 国家	对数收入的变异系数 吉林省
1995	18.943 1	24.286 76	0.017 55	0.027 63	0.040 026	0.058 848
1996	19.592 41	24.098 8	0.018 7	0.026 87	0.042 232	0.055 448
1997	21.626 9	28.412 75	0.022 6	0.037 41	0.050 513	0.077 767
1998	20.946 46	23.715 29	0.021 47	0.026 36	0.049 515	0.056 187
1999	22.136 95	24.876 81	0.024 19	0.029 95	0.056 986	0.068 172
2000	22.969 2	23.941 43	0.026 05	0.028 38	0.061 916	0.068 284
2001	24.468 76	24.709 4	0.029 51	0.030 76	0.070 559	0.076 25
2002	25.348 28	26.617 44	0.031 49	0.035 21	0.074 978	0.085 372
2003	33.090 45	29.557 29	0.048 46	0.040 39	0.098 38	0.087 462
2004	32.363 07	31.292 89	0.047 61	0.045 56	0.101 252	0.100 31
2005	33.678 89	30.120 4	0.051 58	0.043 54	0.110 904	0.099 617
2006	34.287 87	27.198 47	0.053 84	0.035 64	0.116 946	0.080 394
2007	34.137 36	29.026 16	0.054 28	0.041 27	0.120 575	0.095 404
2008	35.097 86	27.643 04	0.057 14	0.037 53	0.126 358	0.085 616
2009	34.423 87	27.129 92	0.055 01	0.035 96	0.120 93	0.081 448
2010	34.610 63	27.859 91	0.055 19	0.037 15	0.119 249	0.081 277
2011	33.529 13	26.617 22	0.052 02	0.032 72	0.113 091	0.067 271
2012	33.077 49	25.641 81	0.050 41	0.031 31	0.107 838	0.068 389
2013	33.471 82	27.483 3	0.051 26	0.035 84	0.107 82	0.077 468

注：由于计算基尼系数需要对数据按照收入分组，而在宏观数据中很难得到这一指标，故本章并没有计算行业基尼系数

资料来源：根据《中国统计年鉴》（1996~2014 年）、《吉林统计年鉴》（1996~2014 年）相关数据计算得出

从表 4.12 可以发现，改革开放 30 多年以来，吉林省各行业最高的平均工资与最低的行业平均工资的差距始终在扩大，多数年份差距扩大的幅度在 10%左右，个别年份在 20%以上。在图 4.3 中，也更容易看到，行业平均工资极值差虽在个别年份有小幅度下降，但总体趋势是逐年急剧扩大的。这在侧面反映了吉林省各行业职工工资水平差异的扩大。

表4.12　吉林省各行业平均工资的绝对值

年份	农业	采掘	制造	电力	建筑	交通	商业	金融	房地产	服务
1995	3 064	4 423	4 132	7 499	4 832	6 339	2 998	6 689	4 807	4 416
1996	3 711	5 019	5 140	9 222	5 594	7 168	3 987	7 877	6 073	5 269
1997	3 863	5 287	4 232	9 893	5 730	7 727	4 209	9 127	6 389	6 383
1998	3 939	5 591	6 529	10 485	5 953	8 520	5 009	9 039	7 641	6 669
1999	4 056	6 100	6 942	10 884	6 679	9 097	5 135	10 105	8 455	7 199
2000	4 074	6 860	8 124	11 339	8 962	6 935	6 330	9 120	5 395	11 105
2001	4 406	7 247	8 965	12 163	7 000	9 770	5 644	11 539	10 122	9 161
2002	5 044	8 038	10 231	14 047	7 450	10 588	5 975	13 345	11 151	10 080
2003	5 503	11 849	11 164	15 147	8 754	10 853	6 899	14 843	11 404	12 266
2004	5 788	15 729	13 174	16 694	9 440	11 336	7 202	16 697	12 203	11 396
2005	6 397	19 102	14 615	19 563	10 487	15 439	10 058	19 681	13 155	11 391
2006	7 866	22 018	16 643	21 489	11 801	17 180	12 877	21 709	14 626	14 479
2007	9 402	24 294	21 004	25 604	14 177	20 111	15 135	27 335	16 795	12 995
2008	12 039	29 163	24 036	28 807	16 017	23 845	17 642	30 675	18 539	13 479
2009	13 636	31 757	26 119	29 419	19 408	26 539	20 018	36 473	21 227	16 190
2010	15 220	33 584	31 153	33 044	21 165	30 422	22 999	43 174	23 153	17 511
2011	19 467	35 981	35 704	35 601	26 578	38 722	27 082	54 512	27 748	27 373
2012	21 126	40 363	40 216	41 850	31 185	45 290	31 326	59 995	33 489	31 513
2013	23 249	49 884	46 613	53 553	35 730	48 587	34 569	66 938	38 598	28 343

注：行业简称含义为农业——农、林、牧、渔业；采掘——采掘业；制造——制造业；电力——电力、煤气、水的生产供应业；建筑——建筑业；交通——交通运输、仓储和邮电通信业；商业——批发零售贸易、餐饮业；金融——金融保险业；房地产——房地产业；服务——社会服务业，本书中其余表提及这些时含义均相同

资料来源：根据《吉林统计年鉴》（1996~2014 年）整理得出

第四章 行业及所有制分割

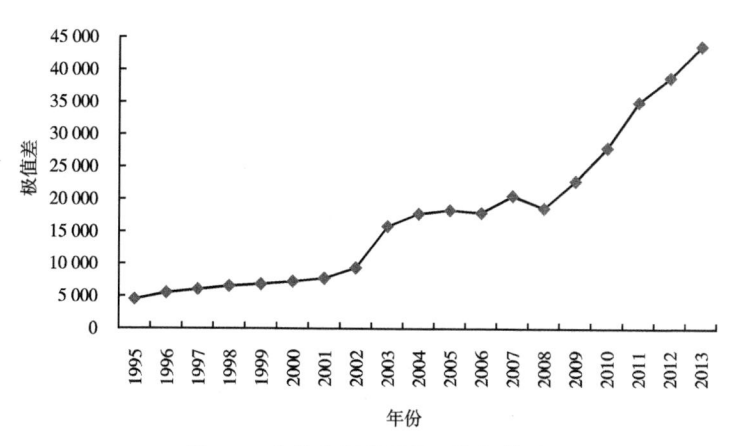

图4.3 吉林省行业平均工资极值差

另外，必须要注意的是行业平均工资较高的行业始终是电力、金融和交通行业，这些行业基本具有行政垄断色彩较浓的特点，那么，吉林省行业工资差异的扩大是否是行业垄断程度差异的扩大引致的呢？而具体到每个行业，其相对工资水平已经逐渐不再取决于行业的垄断程度，各行业相对工资水平的变化，是否可以由该行业垄断程度的相对变化所解释。这里的垄断，就是前面阐述的"行政垄断"。

为了获取资料的方便，将行业国有化程度用行业内国有单位职工人数占本行业全部职工人数（从业人员数）的比重来代表。由于不管什么行业，所有制结构多元化、国有经济比重下降是一个总的趋势，而且决定相对工资高低的不是各行业垄断程度的绝对数，而是每一个行业垄断程度与其他行业垄断程度或社会平均水平相对比较的相对水平，所以引入相对垄断程度的概念，记为 K[①]。

将改革开放以来吉林省部分年份 10 个行业的相对垄断程度 K 及其标准差系数（记为 U）的面板数据见表4.13。

表4.13 吉林省部分年份10个行业的相对垄断度的面板数据

年份	垄断程度K										U/%
	农业	采掘	制造	电力	建筑	交通	商业	金融	房地产	服务	
1995	119.1	119.2	77.0	119.6	79.2	107.7	76.3	92.7	114.0	95.0	18.2
1996	117.8	119.9	77.7	120.4	79.8	106.6	80.0	88.0	113.0	96.8	17.6
1997	117.3	119.5	75.6	120.3	78.1	106.5	80.7	85.9	115.8	100.3	18.3
1998	127.8	123.2	70.6	123.5	75.7	112.7	82.2	78.8	102.9	102.6	21.8

① K=行业所有制垄断度的绝对数/全社会所有制垄断度的平均数。

续表

年份	垄断程度K										U/%
	农业	采掘	制造	电力	建筑	交通	商业	金融	房地产	服务	
1999	125.1	117.0	60.4	113.1	75.3	112.6	123.8	76.1	96.6	100.0	22.6
2000	132.8	122.0	60.7	119.9	75.3	120.1	85.4	79.4	96.1	108.3	24.1
2001	137.8	118.3	58.2	117.3	72.3	122.1	82.7	82.3	98.5	110.6	25.4
2002	139.6	120.8	51.9	113.6	69.6	123.6	88.8	81.9	102.5	107.9	26.9
2003	144.0	75.3	56.0	118.5	74.6	126.9	94.3	83.5	90.5	136.4	29.7
2004	152.2	74.8	51.9	116.9	68.5	125.0	99.2	83.8	87.7	140.4	32.7
2005	171.0	77.1	50.6	126.1	68.4	131.1	75.7	87.9	88.0	121.2	36.7
2006	184.3	74.9	45.3	136.9	58.4	138.5	70.4	94.5	81.3	115.3	43.2
2007	185.6	72.2	41.2	134.5	58.1	145.3	65.3	93.7	69.9	133.6	46.0
2008	183.8	74.4	37.7	127.8	60.4	141.7	66.3	90.7	73.8	143.3	46.5
2009	195.9	75.7	35.9	128.6	62.2	147.9	67.1	77.5	75.5	133.4	49.2
2010	195.1	90.1	38.5	129.7	58.7	143.7	62.0	76.5	65.5	140.3	49.7
2011	197.6	91.8	37.9	121.2	69.5	166.5	61.6	79.8	50.7	123.4	51.8
2012	209.5	91.8	32.7	118.8	47.9	177.2	57.6	85.0	49.2	130.3	58.8
2013	266.0	48.2	58.2	96.3	30.1	200.9	54.6	115.8	45.4	84.5	76.4

资料来源：根据《吉林统计年鉴》（1996~2014年）相关数据整理得出

从表4.13可以看出，吉林省行业垄断程度的标准差系数（U）由1995年的18.2%扩大到2013年的76.4%，说明行业之间垄断度的差异越来越大。其变化趋势与行业工资差异的变化趋势是一致的，说明二者的变动存在某种相关关系，为了研究这种相关关系，传统的做法是根据现有的样本资料建立回归模型。本章使用ADF法检验变量的平稳性[①]。调用Eviews 5.0的Unit Root Test程序，分别对表4-13中的U和相对工资（用字母"XDGZ"表示）[②]标准差系数（V）及它们的一阶差分变量ΔU和ΔV进行平稳性检验，输出的结果整理如表4.14所示。由于后文中使用的微观样本为2007年的问卷调查数据，反映的是2006年的基本情况，因此，此处平稳性检验及格兰杰因果关系检验的U和V均使用1995~2006年的数据进行检验。

[①] 传统的回归分析要求所用的时间序列必须是平稳的，否则会产生所谓的"伪回归"问题。然而，上述两个标准差系数（V和U）都是带有明显的增长趋势，不能满足平稳性的假定。协整理论则提供了一种处理非平稳数据的方法，所以本章将首先利用协整方法对上述面板数据进行分析。

[②] XDGZ=行业平均工资/全社会平均工资×100%

第四章 行业及所有制分割

表4.14 变量平稳性检验结果

变量	ADF检验	检验类型	5%临界值	10%临界值	结论
U	−5.596	(c, t, 1)	−3.600	−3.240	平稳
ΔU	−9.211	(c, 0, 1)	−3.000	−2.630	平稳
V	−3.078	(c, t, 1)	−3.600	−3.240	非平稳
ΔV	−7.358	(c, 0, 1)	−3.000	−2.630	平稳

注：检验类型（c, t, k）分别表示 ADF 检验中是否有常数项、时间趋势项及滞后阶数

从表 4.14 可以发现，时间序列变量 U 及其一阶差分 ΔU 的 ADF 检验结果都是平稳的，而虽然时间序列变量 V 是非平稳的，但其一阶差分变量 ΔV 是平稳序列。由此可知 U 和 V 均为一阶单整序列，二者之间可能存在协整关系。下面采用 Engle-Granger 两步法进行协整检验。

由分析结果（表 4.15）可以看出，V 不是 U 的原因的可能性为 0.085 69，在 10%水平下显著，这说明相对工资不是行业垄断的原因；相反地，U 不是 V 的原因的可能性为 0.434 86，是不显著的，格兰杰因果关系检验的结果说明吉林省行业垄断是行业相对工资差距的原因。接下来，将讨论的 10 个行业的格兰杰因果关系检验结果整理如表 4.16 所示。

表4.15 格兰杰因果关系检验结果

变量	F-statistic	probability
U 不是 V 的原因	1.113 32	0.434 86
V 不是 U 的原因	6.217 59	0.085 69

注：本表运用 Eviews 5.0 Engle-Granger 因果关系检验方法得出

从表 4.16 中可以看出，原假设"XDGZ 不是 K 的原因"的 P 值均大于 0.1，说明在 0.1 的显著水平下，应该接受这个原假设；而对于大多数行业而言，原假设"K 不是 XDGZ 的原因"P 值小于 0.1，说明在 0.1 的显著水平下，对于大多数行业可以拒绝这个原假设。这就从数量上证明，对于吉林省大部分行业而言，工资相对水平的高低与该行业所有制垄断的相对程度变化解释，从而揭示了行业平均工资的相对水平变化的原因，对本书提出的转型时期行业工资假定假说提供了有利的数据支持。

表4.16 分行业格兰杰因果关系检验结果

行业名称部门（门类）	原假设"XDGZ不是K的原因"的P值	原假设"K不是XDGZ的原因"的P值
农、林、牧、渔业	0.95	0.16
采掘业	0.28	0.02
制造业	0.43	0.07
电力煤气水的生产供应业	0.74	0.02
建筑业	0.43	0.12
交通运输业	0.64	0.09
批发零售业	0.66	0.05
金融保险业	0.85	0.10
房地产业	0.98	0.04
社会服务业	0.68	0.05

注：本表运用 Eviews5.0 中 Engle-Granger 因果关系检验方法得出

2. 按照市场化程度对行业进行聚类

所谓的市场化是指我国从计划经济向市场经济过渡体制改革，不是简单的一项规章制度的变化，而是一系列经济、社会、法律，乃至政治体制的变革。市场化程度代表着市场运行效率和市场开放程度，而劳动力市场行业性分割直接影响着劳动者在垄断行业和非垄断行业的流动，这必然导致我国的劳动力市场化程度很低。以2007年各行业的国有职工人数和同年的行业平均工资作为考查指标，将除农业外的18个行业用 SPSS 13.0 进行聚类，聚类结果见表4.17。

表4.17 吉林省行业聚类结果

Case Number	Cluster	Distance
1 采矿业	2	3 553.624
2 制造业	2	1 332.494
3 电力、燃气及水的生产和供应业	1	643.179
4 建筑业	2	2 744.065
5 交通运输、仓储和邮政业	1	3 084.250
6 信息传输、计算机服务和软件业	2	1 866.001
7 批发和零售业	2	1 848.263
8 住宿和餐饮业	2	3 239.354

续表

Case Number	Cluster	Distance
9 金融业	1	7 798.077
10 房地产业	1	3 523.799
11 租赁和商务服务业	1	3 440.571
12 科学研究、技术服务和地质勘查业	1	3 004.137
13 水力、环境和公共设施管理业	2	2 338.991
14 居民服务和其他服务业	2	588.174
15 教育	2	1 699.662
16 卫生、社会保障和社会福利业	1	3 388.655
17 文化、体育和娱乐业	1	1 550.250
18 公共管理和社会组织	2	3 518.167

从聚类结果可以看出，在除农业以外的18个行业中，3 电力、燃气及水的生产和供应业，5 交通运输、仓储和邮政业，9 金融业，10 房地产业，11 租赁和商务服务业，12 科学研究、技术服务和地质勘查业，16 卫生、社会保障和社会福利业，17 文化、体育和娱乐业属于工资水平较高的垄断行业；而 1 采矿业，2 制造业，4 建筑业，6 信息传输、计算机服务和软件业，7 批发和零售业，8 住宿和餐饮业，13 水力、环境和公共设施管理业，14 居民服务和其他服务业，15 教育，18 公共管理和社会组织属于工资水平较低的非垄断行业。垄断行业工资高，非垄断行业工资低，是行业行政垄断分割，劳动力资源配置效率低下的主要表现。为了明确垄断对行业分割的影响，笔者将进一步估计行业工资方程，并沿用 Oaxaca-Blinder 的框架进行工资分解。

3. 估计行业工资方程

分解城市内部垄断行业与非垄断行业的工资差异，需要对各行业的劳动力明瑟工资方程分别进行估计。明瑟工资方程如下：

$$\ln pay_i = \alpha + \beta_1 education + \beta_2 experience + \beta_3 exp^2 + \beta_4 ownership + \beta_5 position + \varepsilon$$

其中，$\ln pay_i$ 为小时工资的自然对数；education 为调查劳动者的受教育年限（接受正规教育的年数）；experience 为工作经验，笔者将其定义为在目前单位工作的年数；exp^2 为在目前单位工作年数的平方项；ownership 为所在单位的所有制性质（1 为自我雇用，2 为民营企业，3 为国有企业，4 为外资企业）；position 为目前工作性质（1 为普通职员，2 为行政管理职员及专业技术人员）；ε 为随机误差项。

回归结果如表 4.18 所示。

表4.18　垄断行业与非垄断行业的明瑟工资方程系数

变量	垄断行业	非垄断行业
受教育程度	0.090***	0.083***
	(0.021)	(0.020)
工作经验	0.238**	0.245***
	(0.091)	(0.083)
工作经验的平方	−0.015*	−0.017**
	(0.008)	(0.007)
所有制	0.270***	0.237***
	(0.084)	(0.082)
工作性质	0.283***	0.123*
	(0.086)	(0.067)
常数项	4.397***	4.769***
	(0.366)	(0.313)
R^2值	0.387 5	0.345 5
调整后的R^2值	0.362 8	0.323 4

***、**、*分别表示该系数估计值在 0.01 、0.05 、0.10 的水平上显著

不论是垄断行业的明瑟工资方程，还是非垄断行业的明瑟工资方程，劳动者的受教育程度、工作经验、工作经验的平方以及劳动者的所在单位的所有制性质和工作性质都会对垄断行业劳动者的工资水平产生显著的影响，其自变量的系数符号绝大多数都符合预期并且大部分在统计上都是显著的，调整后的 R^2 大小也比较合理。从统计结果可以得出以下结论。

（1）将垄断行业与非垄断行业明瑟工资方程各系数进行比较不难看出，因为在垄断行业中，劳动者受教育年限每增加一年，工资收入会增加 9.0%；而在非垄断行业中，劳动者受教育年限每增加一年，工资收入会增加 8.3%。垄断行业中的教育回报率高于非垄断行业，说明垄断行业形成的教育壁垒更多地表现在进入壁垒，而在劳动者进入垄断行业后，教育的收入回报相对公平，不会形成工资壁垒。

（2）垄断行业劳动者工作经验对工资水平的影响不及非垄断行业工作经验的影响程度大（垄断行业工作经验系数为 0.238，非垄断行业工作经验系数为 0.245）。这说明，非垄断行业因为竞争机制相对完善，劳动者的技能和工作经验可以较为公平地反映在工资收入水平上，而垄断行业中对此衡量的却不够明显。工作经验的平方系数为负说明劳动者的工资水平与劳动者的工作经验的关系往往呈现出先上升至一定水平而后慢慢下降的趋势。

（3）从统计结果可以看出，单位所有制对城市各行业的劳动工资收入影响都

为显著的正向影响。可以发现，处于国有性质企业的劳动者较比处于民营企业性质的劳动者能够获得更多的工资收入，而这种影响在垄断行业更为明显（垄断行业所有制系数为 0.270，非垄断行业工作经验系数为 0.237）。而垄断行业大多与国有制企业性质绑定，因此其所有制工资回报在垄断行业内部更加凸显。

（4）从劳动者的工作性质状况可以看出，垄断行业（0.283）与非垄断行业（0.123）的工作性质对行业收入都是显著的正向影响，而垄断行业要高于非垄断行业 16 百分点，说明处于行政职位的劳动者在垄断行业中更容易获得较高的工资，这种垄断行业内部职位工资的巨大差别，可能是垄断行业存在严重的公司治理结构失衡、工会职能退化和"内部人控制"现象所导致的。

4. 工资差异分解

对两个不同特征人群的收入差异进行分解可以沿用 Oaxaca-Blinder 的框架展开。为了分离各个因素对小时工资的影响，同时也是出于下一步分解分析的需要，我们首先估计城市内部垄断行业和非垄断行业的工资收入函数，如下：

$$\ln pay = X\beta + \varepsilon \quad (4.1)$$

其中，因变量 ln pay 为小时工资的对数；X 代表个人特征的向量，包括受教育年限、本单位工作年限及其平方；β 为相应的估计系数值；ε 为随机误差项。据此可以将城市内部垄断行业和非垄断行业各项特征的不同市场回报，它无法通过垄断行业和非垄断行业劳动者在特征上的差异得到解释。这里垄断行业和非垄断行业劳动者的平均对数小时工资分别为

$$\overline{\ln pay}_m = \overline{X}_m \hat{\beta}_m \quad (4.2)$$

$$\overline{\ln pay}_c = \overline{X}_c \hat{\beta}_c \quad (4.3)$$

其中，下标 m 代表垄断行业劳动者；c 代表非垄断行业劳动者；$\overline{\ln pay}_m$ 表示垄断行业的平均对数小时工资；$\overline{X}_m$ 为垄断行业样本中解释变量的均值；$\hat{\beta}_m$ 为方程（4.2）的回归系数，同理可知方程（4.3）各个变量的含义。垄断行业和非垄断行业劳动者之间的收入差异可以分解为

$$\overline{\ln pay}_m - \overline{\ln pay}_c = (\overline{X}_m - \overline{X}_c)\hat{\beta}_c + (\hat{\beta}_m - \hat{\beta}_c)\overline{X}_m \quad (4.4)$$

方程（4.4）等号右边的第一部分即为可解释部分（特征效应）；第二部分则为不可解释的部分（系数效应），可以将系数效应解释为对非垄断行业劳动者的歧视。

表 4.19 运用了 Oaxaca-Blinder 方法，对垄断行业和非垄断行业收入的条件均值差距进行了分解。可以看出，两者收入差距的 47.15% 可由劳动者特征上的差异得到解释，不可解释部分为 52.85%，说明行业歧视问题依然比较严重。

表4.19 垄断行业与竞争行业劳动力工资收入的Oaxaca-Blinder分解

类别	系数	百分比/%
可解释部分	0.129 2	47.15
不可解释部分	0.144 9	52.85
总计	0.274 1	100

二、行业间分割的实证分析

(一)计量模型构建

本章借鉴计量模型中"两阶段回归"的思想(Kruger and Summers, 1988; Winter-Ebmer, 1994),在第一步回归中采用微观样本控制个体特征对工资差异的影响,基本模型为

$$\log W_{ij} = C + Z_{ij}\lambda + X_{ij}\beta + \varepsilon_{ij} \tag{4.5}$$

其中,$\log W_{ij}$ 表示处于第 j 个行业个体 i 的工资对数值;Z_{ij} 为控制了个人特征之后的个体行业收益虚拟变量;X_{ij} 为除了行业虚拟变量之外的其他个人特征变量;C 为常数项;ε_{ij} 为随机扰动项。

第二步回归在第一步得出行业工资回报系数 λ 基础上,引入行业特征变量,基本模型为

$$\lambda_j = c + \boldsymbol{I}_j\gamma + \varepsilon_j \tag{4.6}$$

其中,λ_j 为式(4.6)中的行业工资回报系数;$\boldsymbol{I}_j$ 为相应的 j 行业特征向量,通过检验参数 γ 的显著性,解释 λ_j 变动的成因。由于方程(4.5)与方程(4.6)在整体研究中密切相关,第二步中的因变量 λ_j 大小取决于第一步回归中样本容量和行业就业分类的细致程度。因此,本章在利用"吉林省劳动力市场状况调查"微观数据之前,对其进行了聚类处理,以希望在第二步回归中获得更为细致的因变量。利用SPSS13.0软件,按照吉林省各行业国有企业所占比例和各行业从业人员平均工资,将吉林省非农行业聚类的结果如表4-20所示[①]。

[①] 考虑到农业收入的计算与其他行业存在显著差别,本章研究的行业是除农业以外的其他18个行业。

表4.20　吉林省行业聚类结果

V1	Cluster	Distance
2 采掘业	3	265.780
3 制造业	3	351.556
4 电力、燃气及水的生产和供应业	2	900.667
5 建筑业	3	255.600
6 交通运输、仓储和邮政业	2	875.444
7 信息传输、计算机服务和软件业	1	3 110.333
8 批发和零售业	3	506.400
9 住宿和餐饮	3	1 188.600
10 金融业	1	949.667
11 房地产业	3	2 207.400
12 租赁和商务服务业	3	1 007.504
13 科学研究、技术服务和地质勘查业	2	2 957.444
14 水利、环境和公共设施管理业	2	2 512.330
15 居民服务和其他服务业	2	1 311.566
16 教育	2	2 812.444
17 卫生、社会保障和社会福利业	2	1 605.556
18 文化、体育和娱乐	2	1 348.556
19 公共管理和社会组织	2	2 275.445

资料来源：由《吉林统计年鉴》（2007年）相关数据计算得出

从聚类结果可以看出，吉林省的非农行业大体可以分成三类：第一类是以信息传输、计算机服务和软件业及金融业为代表的行业，从工资水平来说，这类行业获得较高的工资，而笔者认为该类行业的高工资是由高人力资本集聚带来的"学习效应"，也就是说人力资本外部性这一个人特征在这一行业表现明显；第二类是以电力、燃气及水的生产和供应，教育，文化、体育和娱乐等为代表的行业，这些行业劳动者的工资主要靠政府财政支出或控制资源而获得的超额利润，可以把这类行业看做行政垄断行业；第三类行业是以采掘业、制造业、建筑业等为代表的行业，这类行业在市场中多依靠产品或服务争夺市场，市场进入或退出均不受太多障碍，劳动者工资获得由其劳动生产率的大小决定。因此，可以将这类行业看做竞争性行业。

同时，为了解决个体样本中行业分类细致程度较低的问题，本章借鉴了 Sakellariou（1995）的思想，将聚类后的三个行业再次细分为白领和蓝领，通过对原方法的调整，建立适合中国的两阶段模型。第一步如下：

$$\ln wage = C + Z_{ij}\lambda_{ij} + education\beta_1 + \exp\beta_2 + \exp^2\beta_3 \\ + gender\beta_4 + age + \varepsilon \quad (i=1,2,3,\ j=1,2) \quad (4.7)$$

其中，ln wage 为个体年收入对数值；Z_{ij} 代表行业 i 职位 j 个体的特征，i=1，2，3 分别代表吉林省的新兴产业、行政垄断行业和竞争性行业，j=1，2 分别代表蓝领和白领两类职位，本章将竞争行业的蓝领作为参照组；λ_{ij} 代表控制了个体特征后各行业不同职位的收益参数；education 代表个体受教育年限；exp 和 $\exp^2$ 分别代表个体工作经验和工作经验的平方；gender 为男性虚拟变量（女性为参照组）；age 代表个体的年龄。第二步如下：

$$\lambda = c + I_1\gamma_1 + I_2\gamma_2 + \alpha M + \eta \quad (4.8)$$

其中，回归系数 γ_1、γ_2 分别代表行业平均受教育年限提高一年和平均工作经验提高一年对行业收益的影响，预期符号为正。在考察行业内工资差异时，为了验证之前对各类行业性质的假设，笔者引入行业特征变量 M，用以估计行业垄断对行业工资差异的影响。

（二）数据分析

根据《中国统计年鉴》（1979~2015 年）和《吉林统计年鉴》（1996~2014 年）等宏观数据，本章计算整理出 1995~2013 年全国和吉林省行业工资的极差值和变异系数对比图（图 4.4 和图 4.5）。

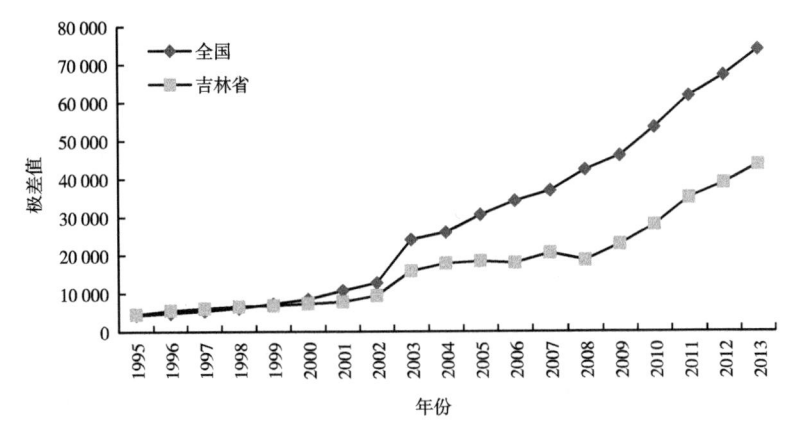

图 4.4　1995~2013 年全国与吉林省行业工资极差值对比图

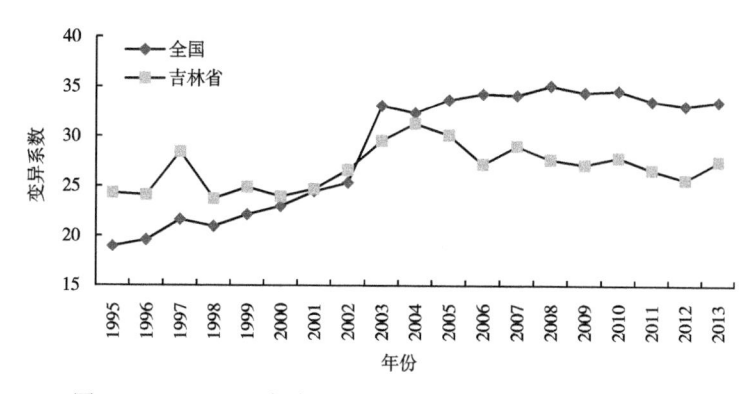

图 4.5　1995~2013 年全国与吉林省行业工资变异系数对比图

从图 4.4 可以看出，1995~2013 年，我国最高行业工资与最低行业工资之间的极差值呈上升趋势，这表明全国行业平均工资差距呈现出逐渐扩大的趋势；吉林省行业工资差距也呈现出逐年上升的态势，而且，在 2000 年以后，吉林省行业收入差距低于全国水平，并且与全国的差距水平逐年扩大。从变异系数上看，从 2003 年开始吉林省变化趋势小于全国水平，说明行业中各组值中的变化幅度小于全国平均水平。因此，如果按照行业特征将吉林省行业平均工资进行分组的话，各组间的行业工资差距将小于全国平均水平。

本章采用的微观数据依然是"2007 年吉林省劳动力市场状况"调查数据，调查共收回 1 018 份问卷，根据研究需要，对数据进行了如下处理：①剔除农业样本；②剔除自我雇用类型的劳动者。有效问卷共计 289 份，调查中男性问卷为 134 份占 46.4%，女性问卷为 155 份占 53.6%。

不同类型行业劳动者相关变量基本统计如表 4.21 所示。其中，笔者将样本中的"各类专业技术人员"及"管理人员"定义为"白领"劳动者，"普通劳动者"和"其他职业"定义为"蓝领"劳动者。第二步回归中使用的"行业垄断程度"M 变量用"行业国有化比重"替代，即行业内从业于国有单位人数占行业全部从业人数的比重来表示。

表4.21　不同类型行业劳动者描述性统计

连续变量	新兴行业		行政垄断行业		竞争性行业	
	均值	标准差	均值	标准差	均值	标准差
受教育年限/年	13.88	2.57	13.33	2.55	13.95	3.0
总工作年数/年	7.81	3.3	6.26	3.6	6.39	3.7
离散变量	百分比		百分比		百分比	
行政管理人员/%	46.2		30.6		27.1	
国有职工/%	45		58.9		15.2	

(三) 结果分析

利用普通最小二乘法对方程（4.7）进行回归，将竞争行业-蓝领作为参照组回归其他变量，所得的回归结果见表4.22。从结果中可以看出，调整后的拟合优度 R^2 都达到了45%以上，多数回归系数在5%的水平上显著。

表4.22　行业收入差异方程回归结果

变量	模型（a）	模型（b）
年龄	0.017***	0.015***
	(0.006)	(0.008)
受教育程度	0.151***	0.124***
	(0.016)	(0.018)
工作经验	0.216***	0.192***
	(0.075)	(0.073)
工作经验的平方	−0.017**	−0.015**
	(0.006)	(0.008)
性别	0.021	0.053*
	(0.086)	(0.084)
新兴行业-蓝领组（Z11）	—	0.184**
		(0.178)
新兴行业-白领组（Z12）	—	0.663***
		(0.220)
行政垄断行业-蓝领组（Z21）	—	0.219*
		(0.118)
行政垄断行业-白领组（Z22）	—	0.465***
		(0.122)
竞争行业-白领组（Z32）	—	0.202***
		(0.138)
常数项	6.723***	7.360***
	(0.335)	(0.276)
R^2 值	0.655	0.464
调整后的 R^2 值	0.617	0.450

***、**、*分别表示该系数估计值在0.01、0.05、0.10的水平上显著

从回归结果中可以得出以下结论。

（1）模型（a）仅对劳动者的个人特征变量进行回归。受教育年限的回归系数为0.151，即在控制性别、工作经验等其他个人因素后，劳动者私人的教育收益率为15.1%；工作经验以及工作经验的平方回归系数为0.216和−0.017，其符号符合预期。男性工资会高于女性，但是回归系数并不显著。这意味着，在控制了其

他个体特征后,性别对吉林省工资差异的影响不显著。

（2）模型（b）引入了行业特征变量,在控制了行业特征变量后,劳动者受教育年限的回归系数为0.124,这说明在考虑的行业因素后,劳动者的私人教育收益率下降了2.7%,行业特征会掩盖劳动者人力资本投资的贡献程度；在控制了行业特征变量后,吉林省男性的工资水平明显高于女性（回归系数为0.053）；在考虑行业特征因素后,吉林省出现了明显的性别工资差异。

（3）从模型（b）回归结果看出,相较于竞争行业蓝领参照组,行业归属和身份都能够对劳动者的工资带来显著的影响,即吉林省行业工资差异确实存在。从回归系数来看,各个行业的白领平均收益都要高于蓝领,其中,新兴行业的白领平均收益最高（回归系数为0.663）,行政垄断的白领平均收益次之（回归系数为0.465）；令我们感兴趣的是,行政垄断行业中的蓝领劳动者平均收益显著高于新兴行业的蓝领（0.219>0.184）,同时,这部分群体的平均收益也要高于竞争行业的白领（0.219>0.202）。通常情况下,白领劳动者的受教育程度和职位重要程度要比蓝领重要得多,而行政垄断行业中的蓝领劳动者的平均收益高于竞争行业的白领,说明这种收益有可能不是来自于其个人特征,而是来自于行业特征。

为了探究吉林省行业工资差异的成因是个人特征还是行业特征带来的,第二阶段回归的因变量采用第一步回归中的行业工资回报系数。在自变量中引入体现"学习效应"的个人特征变量——人力资本外部性指标,用行业平均受教育年限和工作经验数据替代。如果行业平均受教育年限和行业平均工作经验的回归系数是正值,说明人力资本外部性对吉林省行业工资回报具有正向作用。同时,为了验证前面对行业特征的假设,本部分引入行业垄断程度变量M衡量行业特征对行业收入差异的影响。表4.23是对方程（4.8）回归的结果,从回归结果可以得出。

表4.23 第二步回归结果

变量	模型（c）	模型（d）
常数项	−3.042***	−3.125***
	(0.198)	(0.196)
行业平均受教育年限（I_1）	0.227***	0.226***
	(0.013)	(0.012)
行业平均工作年限（I_2）		0.017
		(0.014)
行业垄断程度（α）	0.389***	0.374**
	(0.056)	(0.054)
R^2值	0.991	0.995
调整后的R^2值	0.985	0.987

***、**、*分别表示该系数估计值在0.01、0.05、0.10的水平上显著

（1）行业平均受教育水平的回归系数在1%水平上显著为正，表明行业平均受教育年限的增加会提高行业工资回报。从个人特征的角度看，人力资本外部性在吉林省行业尺度上普遍存在，一方面，劳动者在高新技术行业中聚集加速了行业工资的提高；另一方面，行政垄断部门也在市场改革过程中重视依据劳动者教育程度而支付工资。

（2）从行业垄断程度的回归系数来看，目前吉林省行业特征对行业工资回报的影响与其他因素相比居于主导地位（回归系数为0.389和0.374）。这说明，吉林省目前的竞争环境还不够开放，劳动力市场分割较为严重，行政垄断因素干扰了个人特征在劳动力市场上的行业收益分配。

（3）从模型（d）的回归结果发现，行业平均工作经验（I_2）系数为正，但并不显著，这意味着行业工作经验的增加并没有促进行业收益的提高，这似乎与人力资本外部性的部分观点相违背。然而，考虑到吉林省经济发展的实际情况不难发现，除了传统工业之外，绝大多数新兴行业和竞争行业的发展时间都比较短，从业者大多都是新人，工作经验非常有限，利用其来衡量行业工资回报不显著也是可以理解的。

三、结论

本章利用2007年"吉林省劳动力市场调查"微观数据和《吉林统计年鉴》的宏观数据，综合分析个人特征和行业特征对吉林省行业工资回报的影响，通过对行业工资差异的"两阶段模型"进行回归，得出以下结论。

第一，通过对比全国和吉林省行业工资的极差值和变异系数发现，全国行业间的最高工资与最低工资的极端值高于吉林省平均水平；然而，若按照行业特征将行业平均工资进行分组的话，吉林省各组间的工资差距大于全国平均水平。

第二，劳动者的个人特征对吉林省行业工资差异产生显著影响。其中，在控制了性别、工作经验等其他因素后，劳动者的私人教育收益率为15.1%；在控制了行业特征后，劳动者的私人收益率为12.4%，同时，控制了行业特征后的性别对工资差异产生了显著的影响。这说明，吉林省不同行业劳动者的工资水平在一定程度上能够反映其个体特征的差异。

第三，劳动者个体特征总体水平，即人力资本外部性对吉林省行业工资差异产生显著影响。原因在于，一方面，劳动者在高新技术行业的聚集促行业"学习效应"的增强，容易形成知识外溢等正向影响；另一方面，行政垄断部门也在改革的过程中逐渐重视劳动者教育程度的提高。可见吉林省行业工资差异能够反映行业劳动生产率,是一种效率提高的体现。

第四,行业特征对吉林省行业工资差异产生显著影响,且这一影响占主导地位。其中,行业垄断程度对行业工资差异产生正向且显著的影响(回归系数为0.389和0.374),这表明行政垄断因素干扰了劳动者个人特征在劳动力市场上的行业收益分配,吉林省经济发展中缺乏竞争机制,劳动力市场存在着分割。行业平均工作经验对行业工资差异的影响并不显著,这一结果和很多学者的结论并不相同(白彦和吴言林,2010)。因为,除了传统工业外,吉林省绝大多数的行业发展时间都比较短,从业者的工作经验非常有限,利用其来衡量行业工资回报不显著。

第五,行政垄断行业中的蓝领劳动者平均收益显著高于新兴行业的蓝领(0.219>0.184),也高于竞争行业的白领(0.219>0.202),这说明在吉林省行业工资差异中,个人特征对行业工资回报的影响要小于行业特征对其工资回报的影响。

结合以上分析,笔者认为,吉林省行业工资差异的成因中,既包括了个人特征,也包括了行业特征,其中,行业特征占主导地位。行政垄断形成的行业分割,在行业特征中最为突出,而人力资本外部性影响的扩大,也可能在一定程度上深化行业分割。

第四节 劳动力市场行业分割的原因探寻

一、制度性分割

我国劳动力市场的分割具有与西方国家明显不同的特点。我国也存在如同西方国家由生产特性等形成的主要、次要劳动力市场分割,或者由种族、性别等个人特征形成的就业歧视。但是,我国劳动力市场分割更突出地表现为一种制度性的分割,即经济转轨型国家在市场经济不断深化的过程中,劳动力要素的配置过程仍然受到计划体制的影响。

新中国成立后,我国重工轻农的发展战略形成了城乡二元劳动力市场,以我国户籍制度为基础的劳动用工制度、社会保障制度、消费品供应制度将我国城市与农村的劳动力流动完全分隔。此外,新中国成立初期制定了一系列的政策以发展基础工业,促进经济增长,在国民经济飞速发展的同时,也造成了我国劳动力市场制度性分割的历史根源。

改革开放以来，我国劳动力市场发生重大变化，户籍制度有所改革，非国有制职工比例增多，劳动用工体制日益灵活，传统的城乡二元劳动力市场的分割不断减弱。但是我国经济转轨的过程是渐进式的，在经济市场化迅速推进的过程中，计划配置的手段仍大量存在于劳动力市场。户籍管理仍为我国人口管理的基本政策，国有制单位员工终身制和效率低下的问题还十分严重，行业垄断单位的高工资与低水平的服务在短期内无法消除。这些都说明，我国劳动力市场中制度性的分割还很严重，这也是我国经济转轨过程中所特有的特征。

二、行业政策

跨越式的发展，提高了经济发展的效率，但由于早期过分重视重工业而忽视轻工业以及第三产业的行业发展，我国国民经济的发展显得极不平衡从而影响了此后几十年的经济发展，不仅人民生活水平长期低下，更严重的是由于重工业吸纳劳动力资源的能力远低于轻工业和服务业，因此为了让城镇居民实现就业便不得不将超量的劳动力安排在公有制企事业单位，这样不仅从1993年不得不强行实施职工下岗政策，而且为了不让农村劳动力流入城镇挤占就业机会，便实行严格控制人口流动的政策，从而大量的农村剩余劳动力无法转移到城市的正规部门就业。

可以说我国长期以来乃至以后相当长时期的城乡二元经济结构，以及城乡分割的劳动力市场的根本导致原因就在于早期过分重视工业的发展而忽略其他。行业政策向轻工业以及高加工工业倾斜，使大量生产日用品的企业出现，事实上促进了许多民间资本的投资即私有经济部门的出现以及第二产业的行业不可避免地同步发展。在其他配套改革没有同时完成的情况下，不可避免地出现了公有制经济单位和非公有制经济单位的就业机制的区别，即不完全竞争劳动力市场和完全竞争劳动力市场并存的分割状态。

三、所有制结构

我国的市场化改革为非公有制经济的迅速壮大创造了有利的制度环境，各类非公有制经济在主导产业部门蓬勃兴起。非公有制经济的迅速增长，改变了我国国民经济的所有制结构。

1985年以前，非公有制经济几乎不存在，公有制经济和农户经济并存的格局非常清晰，与此相应地形成了清晰的城市正规部门劳动力市场和农村劳动力市场分割的局面。1985~1991年，非公有制经济在未被合法承认的背景下有所发展。在没有政府部门介入和法律法规规定的情况下，非公有制经济一切活动当然包括其雇用员工都是市场化运作的，这样就导致了完全竞争劳动力市场的出现。1991年后非公有制经济被法律承认从而迅猛发展，但是因为并没有相应的主管部门，而且原来适用于公有制经济的配套制度，如企业用工管理、社会保险制度等并不适用于非公有制经济，所以非公有制经济一切活动当然包括其雇用员工仍然是市场化的，这样完全竞争劳动力市场的规模更加得以扩大。总结起来，不同所有制经济部门的不平衡发展导致了不完全竞争劳动力市场和完全竞争劳动力市场并存的局面。

四、人力资本外部性

如果行业平均受教育年限和行业平均工作经验的回归系数是正值，说明人力资本外部性对行业工资回报具有正向作用。通过实证研究，笔者发现人力资本外部性对吉林省行业工资差异产生显著影响（回归系数为0.227），其原因有二：一是劳动者在高新技术行业的聚集促行业"学习效应"的增强，容易形成知识外溢等正向影响；二是行政垄断部门也在改革的过程中逐渐重视劳动者教育程度的提高。基于以上两个原因的结果是，经济增长效率的增进，以及行业分割的深化。

更多的劳动者将试图通过积极的人力资本投资，进入高薪技术行业或者行政垄断部门，一方面促进经济的发展；另一方面由于行政垄断的体制门槛，可能会进一步引发更多的供需矛盾，放大社会不公，形成稳定隐患。

所以说，人力资本外部性的增强对于市场化程度高的劳动市场无疑是件能促进效率与公平的好事，但对于已经存在制度或体制分割的劳动力市场而言，在促进经济效率的同时，可能会进一步增强劳动力市场分割所引发的社会矛盾。

第五章 中国劳动力市场性别分割

第一节 国内外文献回顾

在计划经济时代,由于中国政府推行男女性别平等的就业制度和工资分配制度,因此城市劳动力性别工资差异并不明显。经济改革以来,伴随着由计划经济向市场经济的转型,工资分配机制发生了根本改变,性别工资差异越来越明显(Maurer-Fazio et al., 1999;李实,2002;汝信等,2002)。目前的研究主要从四个角度,即教育、性别歧视、市场化和"黏性地板"(sticky floor)来论述两性收入差距形成的原因。Charles 和 Grusky(2004)研究表明,以女性为主的职业平均工资较低,从而导致了整体上女性的收入低于男性而职业内部的性别间收入差距,即"同工不同酬"问题通常会被作为存在"性别歧视"的证据。Hauser 和 Xie(2005)研究得出,经济改革以来收入性别差距有显著拉大,并且认为市场化是导致差距拉大的主要原因的结论。Li 和 Gustafsson(2008)研究得出"收入性别差距在持续拉大"这一结论,同时他们认为,导致差距拉大的主要原因是女性劳动力下岗失业的比例远高于男性。

一、教育与性别工资差异

根据人力资本理论,教育是影响收入差距的重要因素。高学历能够提升个体在劳动力市场的地位,增强他们抵抗歧视的能力(Montgomery and Powell, 2003)。许多研究发现,虽然女性在劳动力市场是受到歧视的,但女性的教育回报率却高于男性（陈良焜和鞠高升，2004；Gustafsson and Li，2000；姚先国和黄志岭，2008）。针对这一问题，黄志岭和姚先国（2009）专门进行了研究，结果表明女性的教育回报率比男性高 2.4%，女性教育程度与性别工资方程中的不可解释部分呈负相关关系，女性受歧视程度随着教育水平的提高而下降。卞小娇（2010）利用 Oaxaca-Blinder 方法和 Cotton 分解方法，对不同教育水平性别工资差异分解的结果表明，女性教育回报率大于男性的一个可能的原因在于女性的教育水平与其面临的工资歧视成反向关系，因此，教育水平较低的女性面临更多的工资歧视，不同教育水平的女性之间的工资差异比男性更大。郭凤鸣（2011）采用 2006 年东北地区劳动力抽样调查的数据，应用反事实分析方法和分位数回归方法进一步分析了教育对城市劳动力市场中性别工资歧视的影响，结果显示，在所有受教育程度的群体中，女性就业率明显低于男性就业率，女性平均工资水平明显低于男性平均工资水平；但随着个体受教育程度的提高，性别间就业率差异和平均工资差异缩小。邓峰和丁小浩（2012）研究认为，教育配置作用导致女性教育收益率高于男性，教育程度越高越有利于女性进入收入水平高的行业和性别歧视程度较低的部门。杨钋和程飞（2012）研究认为，性别收入差距存在于所有行业当中，并且随着个人受教育程度的提高而增大。张冬平和郭震（2013）研究得出，随着区域经济的发展，行业工资歧视由对劳动者年龄和健康的歧视转变为对劳动者受教育水平和工作年限的歧视的结论。刘泽云和赵佳音（2014）研究认为，劳动者受教育水平的提高有利于缩减性别工资差异；随着女性受教育水平相对于男性的提高，性别工资差异趋势下降；劳动者整体受教育水平的提高有利于地区劳动力市场性别歧视现象的减少。

二、性别歧视

同工不同酬，即相同的工作但是获得的待遇不同，这是性别歧视中比较突出的现象。性别歧视中还存在另外一种歧视就是性别隔离，其是指女性更难进入高工资行业或职位。王美艳（2005）对这两种歧视都进行了实证研究，她运用 2001 年我国五个城市的劳动力调查数据研究了性别工资差异对工资差异的影响，得到了显著的结果，相反对于性别行业分割对工资差距的影响，她的研究并没有得到显著的结论，所以她认为性别工资差异主要是行业内性别工资歧视引起的，而性别行业分割对工资差异的影响不大。李实和马欣欣（2006）与王美艳（2005）的结论不同，他们利用 1999 年城市居民收入调查数据实证研究了城镇员工的性别职业分割，Brown 分解结果表明，1999 年的中国城市劳动力市场存在职业分割现象，并且职业内的性别歧视是形成性别工资差异的主要原因。姚先国和黄志岭（2008）

使用 Brown 分解对 2002 年城镇住户调查数据进行了分析，进一步验证了李实和马欣欣（2006）的结论，即职业内部的工资差异占了总性别工资差异的 80.4%，职业内不可解释部分占总性别工资差异的 63.5%，职业隔离和性别歧视仍是引起性别工资差异的主要原因。李春玲和李实（2008）进一步的研究表明不平等是收入性别差距继续扩大的主要原因。

迟巍（2008）利用 1987 年、1996 年、2004 年这三年的城镇住户调查数据研究了不同收入群体的性别收入差距的不同程度及不同原因。他的研究将收入差距分为了 20 世纪 80 年代和 90 年代以后的两个阶段，前一个阶段性别收入差距程度较小并且在各个收入水平上基本相同；后一个阶段性别收入差距不断扩大且有主要集中在低收入群体里，另外还发现，在低收入群体里较大的性别收入差距主要是由性别歧视造成的。娄世艳和程庆亮（2009）认为，人力资本差异、性别歧视、补偿性工资与非货币收益，以及社会分工是造成女性收入低于男性的重要原因。曹星和岳昌君（2010）研究得出结论，与男性相比，女性毕业生不仅在劳动力市场中就业率偏低，而且进入劳动力市场以后，性别收入差距会持续存在。宁光杰（2011）认为，在控制个人特征和单位特征之后，男性劳动者的每小时收入比女性劳动者高百分之二十多，若考虑就业选择偏差，工资性别差距会更大一些。差异的更大部分是收益率差异造成的，这在一定程度上反映了性别歧视的存在。女性在就业方面受到歧视，这会严重增大与男性劳动者的收入差距。杨钋和程飞（2012）研究认为，在劳动力市场中，女性并未得到与男性一样的平等对待，即便在较高教育程度的群体中也依旧如此。性别收入差异在本科毕业生中主要归结于行业内的性别歧视。谭远发（2012）研究认为，大学毕业生的性别工资差异明显，毕业半年后平均来看，男性的月工资高于女性约 90%的部分归结于性别歧视。卿石松和郑加梅（2013）发现，在控制市场的专业选择差异后，专业内部依然有大部分起薪差距不能被生产力特征所解释，这为现有研究把性别收入差距的成因部分地归因于性别歧视提供了强有力的支持性证据。许涛和张根福（2014）研究认为，结构性变量、市场与性别歧视相互作用导致男女性别收入的差距。收入分配领域中性别歧视是一直存在的，但不同阶段性别歧视可能有着不同的形式。

三、市场化与性别工资差异

随着经济体制的改革和市场化程度的加深，学者们开始研究市场化与性别收入差异之间的关系，但尚未得到一致的结论。

第一种观点认为市场化会增大性别收入差异。例如，Gustafsson 和 Li（2000）

通过分析1988年和1995年的城市住户收入调查数据考察了经济转型过程中性别收入差距的变化，结果显示市场化可能会增强性别歧视。张丹丹（2004）通过分析1989~1997年CHNS的数据，性别工资差距逐渐扩大的群体主要是初中以下学历、年龄大于40岁、非国有部门的"蓝领"职工，性别歧视对性别工资差异的解释能力逐渐增加，教育对性别差异的解释能力下降，市场化增加了对女性的歧视。柴国俊（2011）研究认为，随着我国市场化进程的深入，大学毕业生性别工资差异明显扩大，而且歧视尤其是反向歧视比重也在加剧。许涛和张根福（2014）研究发现，市场化带来的教育回报在一定程度上减缓了男女性别收入差距，但很快激起了性别歧视的反弹，从而再次拉大了男女性别收入差距，这表明，如果能进一步推进市场化进程，并在全社会范围内提高男女平等的意识，那么男女收入差距的缩小将是可能的。贺光烨和吴晓刚（2015）认为，尽管经济发展在一定程度上可以降低性别间的收入不平等，但在市场化的主导作用下，自改革开放以来，男女间收入差异至今仍然不断扩大。

第二种观点是市场化会减少性别歧视，Liu等（2000）利用1995年和1996年在济南和上海的两组调查数据对经济转型期的性别收入差异情况进行了考察，结果显示，从国有部门到集体部门、私营部门，性别工资差距在绝对数值上呈现逐渐增大的趋势，其中国有部门的差距最小，私营部门的差距最大，但是随着部门市场化程度的提高，性别歧视中不能由教育、经验、健康等人力禀赋解释的比例逐渐减少，表明随着市场化环境下竞争程度的增强，企业更多根据效率来发放工资，市场化减少了收入性别歧视。吴愈晓和吴晓刚（2009）利用2003年全国综合社会调查（Chinese General Social Survey, CGSS）数据对不同部门的职业性别隔离情况进行了比较。研究发现，职业的性别隔离对国有部门影响显著，对非国有部门作用不显著。在国有部门中，职业隔离对性别工资差异的贡献为46.11%，而人力资本差异的贡献只有5.60%；非国有部门中，职业隔离对性别工资差异的贡献只有6.52%，而人力资本差异的贡献为15.22%，表明市场化在提高人力资本回报的同时减少了性别歧视。

第三种观点是市场化与性别收入差距之间关系不明确。李春玲和李实（2008）利用1988年、1995年和2002年的UHIS数据对改革开放以来，市场化进程中性别收入差距的变化趋势及内在原因进行了探讨，结果显示，改革开放20年的性别收入差距是逐渐拉大的，其中改革开放初期的性别收入差距扩大主要是由市场竞争机制引起的，市场化的工资分配摆脱了计划经济政策性工资对生产率的不真实反映，使男女在人力资本回报上的差异回到了真实的差距水平；改革开放后期，性别收入差距的扩大主要是由歧视因素引起的。从不同地区和部门的分析来看，市场化水平和性别收入差异之间的关系是非线性的，这种关系表现在随着市场化水平的提高，性别间的收入差距会先扩大后缩小。

四、地板效应

迟巍（2008）利用1987年、1996年、2004年的城镇住户调查数据，考察了各个收入水平上的性别收入差距，结果显示，1987年的性别收入差距不明显，而进入20世纪90年代以后，性别收入差距逐渐拉大，尤其是在低收入群体中，这种差距体现得更为明显，证明了我国存在一定的"黏性地板"现象。性别收入差距中的不可解释成分逐年扩大，低收入群体的不可解释成分比高收入群体要高，所以那些低学历、低收入的女性是最弱势的群体，需要特别的关注。亓寿伟和刘智强（2009）的研究进一步证实了"地板效应"的存在，他们运用分位数回归，通过对国有部门和非国有部门的性别工资进行研究，发现在各收入水平上，非国有部门比国有部门更严重的性别工资歧视，并且歧视是导致男女性别工资差异的主要原因。王震（2010）研究认为农民工的性别工资差异表现为"天花板效应"，城镇职工的性别工资差异则表现为"黏地板效应"。袁青川（2015）研究认为工会覆盖效应下工会企业劳动者与非工会企业劳动者的工资差距呈现"黏地板效应"；工会身份效应下工会会员和非工会会员的工资差距呈现"黏地板效应"。

第二节 劳动力市场的性别差异

一、性别就业特征

性别差异问题始终是劳动经济学关注的课题。国内外大量文献从社会学、伦理学和经济学的视角来分析性别差异的问题。1978年前，中国是中央计划经济，这种机制是以追求平均为目标，中央政府呼吁性别平等，这种平等表现在意识形态上是广泛宣传男女平等；表现在收入领域中是统一的工资福利发放；表现在就业机会上是国家统一的劳动力计划安置，这使得中国到经济改革开始的年份，成为世界上男女劳动力差距最小的国家之一（蔡昉，2003）。而在1978年后，我国在向市场经济转型的过程中，这种单纯平均主义的价值取向，为效率优先兼顾公平的价值取向所取代。而随着这种收入差距的扩大，社会两大重要群体——男性与女性——的收入差距问题也变得明显化。

由于在市场机制下女性逐渐失去了国家计划手段的保护，很多潜藏已久的问题突显出来。女性的自身生理特点和平均相对低的人力资本水平，以及一直以来男尊女卑思想的影响都对使女性收入偏低、就业机会相对男性较少，这种现实问题的存在不仅会使女性经济利益损失，而且也会降低企业效益，并由此导致投资的减少和经济增长速度的放慢。因而实现男女工资收入平等、劳动参与机会平等的问题不仅仅有利于保护女性权益，也能提高女性地位。而女性地位的提高有利于从微观及宏观两个层面增进效率、公平及经济发展的可持续性；有利于消除这种对女性的经济歧视所带来的政治上与经济上的双重不利影响，因而对工资差异的研究显得尤为重要。图 5.1 和图 5.2 分别描述女性与男性分行业就业人数比例。

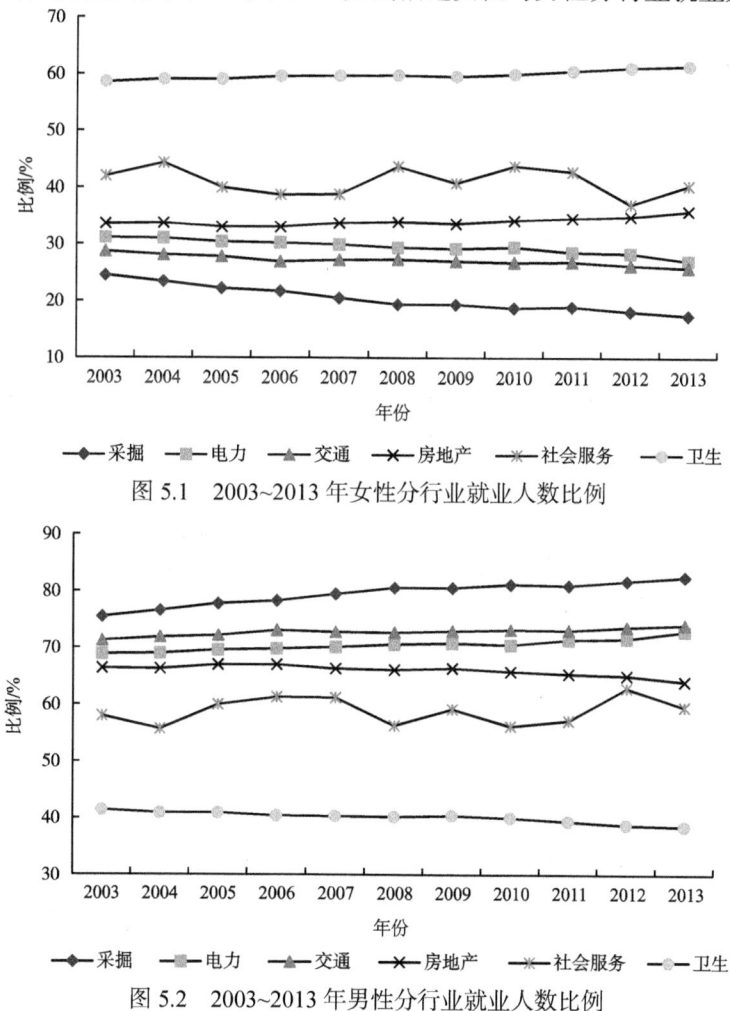

图 5.1 2003~2013 年女性分行业就业人数比例

图 5.2 2003~2013 年男性分行业就业人数比例

结合前文中对行业收入差距的论述可以看出，女性就业大多分布在收入水平比较低的卫生和社会服务部门，而处于高收入水平垄断行业部门的电力、交通、房地产等行业女性就业人数往往比男性低得多，而像采掘行业由于其工作性质的需要，女性就业人数明显少于男性。

二、男性与女性受教育程度的差异分析

（一）不同受教育程度的男性与女性人数统计

从上述分析中可以看出，男性与女性在教育水平上存在很大的差异，男性受教育程度明显高于女性，本章分别利用第四次全国人口普查、第五次全国人口普查以及第六次全国人口普查的数据对男性与女性在各不同教育层次上的比例进行了统计分析（表5.1和图5.3）。

表5.1 不同受教育程度的男女比例统计

地区	时间	合计 男	合计 女	未上过学（不识字或识字很少）男	未上过学（不识字或识字很少）女	小学 男	小学 女	初中 男	初中 女
全国	第四次全国人口普查	51.340	48.660	31.641	68.359	52.412	47.588	60.584	39.416
	第五次全国人口普查	51.307	48.693	28.324	71.676	49.146	50.854	56.353	43.647
	第六次全国人口普查	50.966	49.034	28.169	71.831	47.114	52.886	53.849	46.151
吉林省	第四次全国人口普查	51.122	48.878	36.375	63.625	50.431	49.569	56.239	43.761
	第五次全国人口普查	51.122	48.878	32.436	67.564	48.884	51.116	54.347	45.653
	第六次全国人口普查	50.556	49.444	33.433	66.567	47.324	52.676	52.134	47.866

地区	时间	高中 男	高中 女	大学专科 男	大学专科 女	大学本科 男	大学本科 女	研究生 男	研究生 女
全国	第四次全国人口普查	61.474	38.526	68.195	31.805	71.981	28.019		
	第五次全国人口普查	60.158	39.842	59.757	40.243	65.076	34.924	69.830	30.170
	第六次全国人口普查	55.724	44.276	53.739	46.261	55.269	44.731	56.813	43.187
吉林省	第四次全国人口普查	55.085	44.915	63.172	36.828	68.221	31.779		
	第五次全国人口普查	54.931	45.069	55.512	44.488	59.728	40.272	62.495	37.505
	第六次全国人口普查	52.475	47.525	52.506	47.494	52.500	47.500	50.760	49.240

注：表中数据均来源于第四次全国人口普查、第五次全国人口普查、第六次全国人口普查，以上数据均为比例数值

第五章 中国劳动力市场性别分割

图5.3 不同受教育程度的男女比例对比

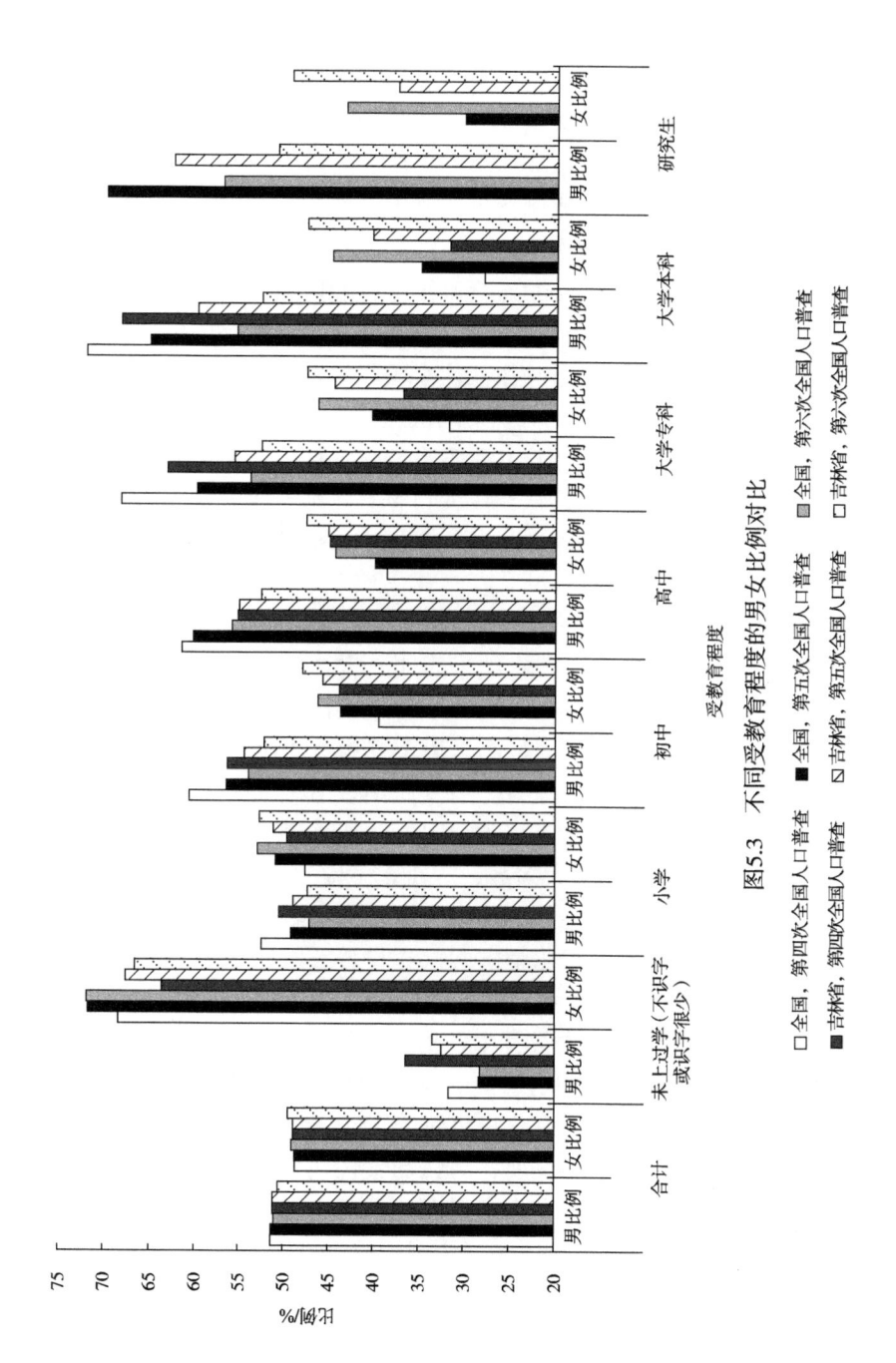

从表 5.1 和图 5.3 可以看出,男性和女性在受教育程度上存在严重的不均衡现象。第四次全国人口普查结果表明在文盲比例上,男性明显小于女性,约为 37%,即男性更有机会接受教育,而女性更多的没有接受过任何的教育。在小学以上水平的教育层次上,男性比例明显大于女性,而且随着教育层次的提高,男性与女性比例的差距逐渐扩大,到大学本科层次,男性大约超过女性 43%;第五次全国人口普查结果表明,文盲中女性比例比男性要大得多,女性大约占到了 72%,即文盲中大多数为女性。这与第四次全国人口普查的结果是一致的,文盲中女性的比例甚至有扩大的趋势。但是在小学教育水平上,女性的比例超过了男性,说明农村的义务教育有所发展,使女性能够接受最基础的小学教育。初中以上教育程度,女性比例明显小于男性,并且与第四次全国人口普查的趋势是相同。研究生层次这个差距达到最大,大约为 39%。第六次全国人口普查的结果表明文盲中,男女比例与第五次全国人口普查相比几乎没有变化。初中以上水平,男性比例普遍大于女性,但是男女差距较第四次全国人口普查、第五次全国人口普查缩小了很多。考虑到男女人数比例,到本科、研究生水平,男性与女性的比例已经十分接近。

从吉林省来看(图 5.4),三次全国人口普查得到的人口总数的男女比例与全国基本相同。第四次全国人口普查结果表明,吉林省文盲的男女比例差距很大,大约为 27%,但是这一差距比我国男女比例差距小 10 百分点左右,说明吉林省文盲中男女均衡程度大于全国。小学以上受教育程度,男性比例明显大于女性,并且同样随着学历水平的提高,男女比例差值逐渐扩大。大学本科中,男性大约比女性多 37%,这一差距小于全国的 43%;第五次全国人口普查结果表明,吉林省文盲中女性占到了大多数,达到 67.6%,这与第四次全国人口普查的结果也是一致的,并且男女比例不均衡现象稍有缓解,但男性依然在接受教育的机会上具有绝对优势。这相比全国两次人口普查对比结果,吉林省文盲中男女比例均衡程度稍高。研究生水平,男性比女性多 25%,这一差距明显小于全国的 39%,说明吉林省高层次教育中,男女比例较全国来说还是发展比较平均的;到 2010 年第六次全国人口普查时,文盲中男性与女性的差距虽然变化不大,但是有逐渐缩小的趋势,其变化幅度远大于全国。吉林省各个受教育程度的男女比例都较之前有了很大的发展,男性与女性比例趋于平均。考虑到本身男性与女性的比例,可以看到研究生中男女比例基本上相同。这说明吉林省教育有了很大程度的发展,男女比例也趋于均衡。

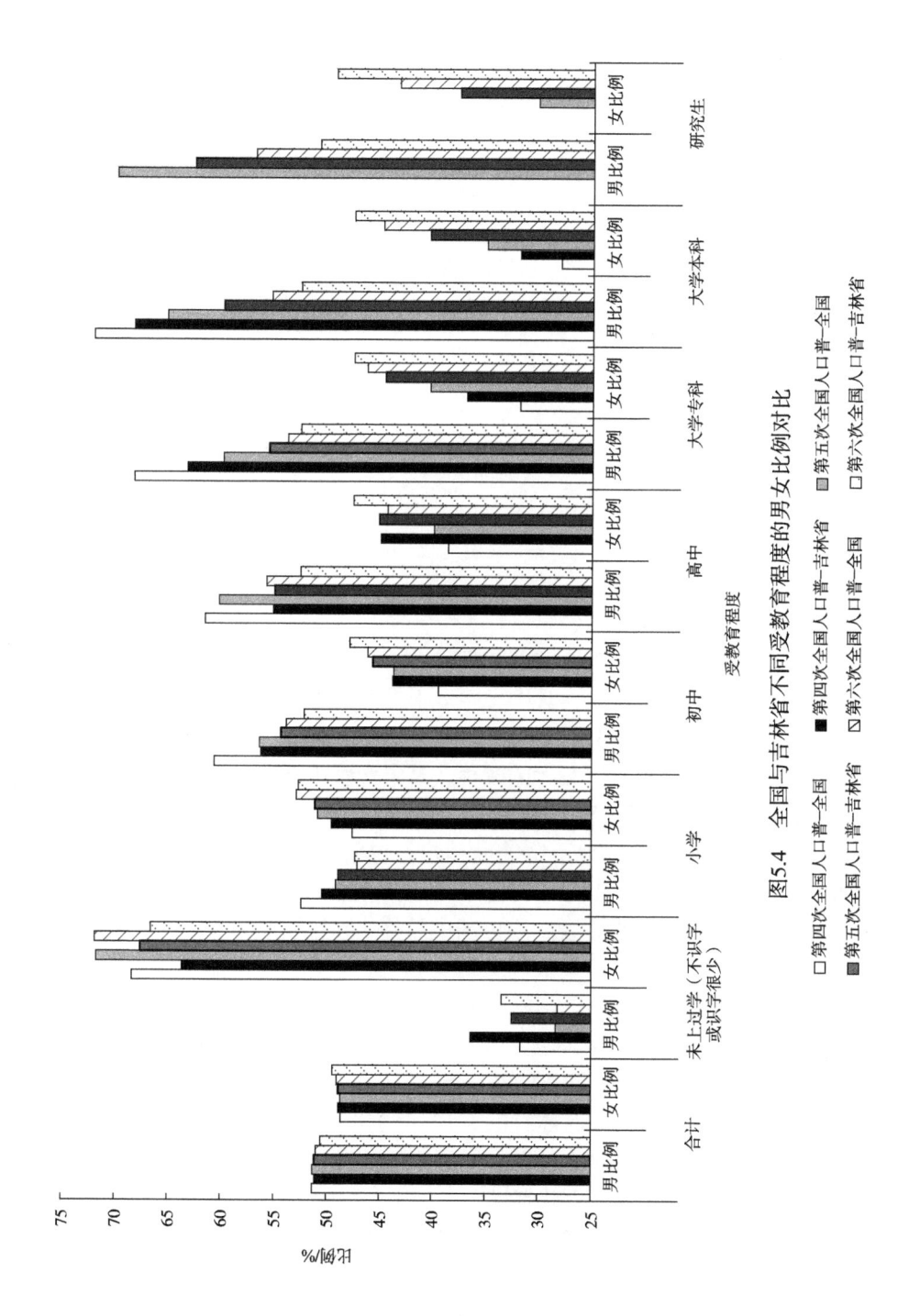

第五章 中国劳动力市场性别分割 ·85·

图5.4 全国与吉林省不同受教育程度的男女比例对比

(二) 三次全国人口普查中文盲比例统计

本章对三次全国人口普查中文盲人口占 15 岁及以上人口的比例做了总结统计，具体见表 5.2。

表5.2 文盲人口占15岁及以上人口比例（单位：%）

	项目	男女合计	男	女
全国	第四次全国人口普查	22.21	12.98	31.93
	第五次全国人口普查	9.08	4.86	13.47
	第六次全国人口普查	4.88	2.52	7.29
吉林省	第四次全国人口普查	14.30	9.47	19.33
	第五次全国人口普查	5.74	3.46	8.12
	第六次全国人口普查	2.18	1.35	3.03

表5.2的数据显示，1990年全国文盲人口大约占15岁及以上人口的四分之一，全国人口中文盲的比例较大，其中女性多于男性大约18.95百分点。2000年全国文盲人口占15岁以上人口的比例较1990年大约下降了13.13百分点，说明国民的整体的基本文化素质有了很大的改善，其中女性比例依然大于男性比例，差距大约为8.61百分点，但是较1990年大约下降了0.55倍，也有了很大的改善，这一下降速度比总体文盲比例下降速度稍快，说明男女不均衡现象有所改善。到2010年第六次人口普查，15岁及以上人口中只有4.88%的文盲，其中男性与女性比例差距为不到5百分点，说明中国国民的整体素质以及男女均衡程度都有很大的改善。

由图5.5可以看出，三次全国人口普查结果中吉林省的文盲占15岁及以上人口的比例和其中的男女比例都较全国同时期低，吉林省同全国的状况较为一致，文盲比例在20年间都有较大幅度的下降，且下降幅度也基本上与全国一致。第六次全国人口普查结果表明吉林省的文盲比例比全国文盲比例下降幅度大约多16%，这说明吉林省的基础教育较全国有更好的发展。从男女比例上来看，第四次全国人口普查结果表明，吉林省男性大约比女性少10%，并且到2000年这一差距缩小到4.66%，到2010年缩小到1.68%，男女不均衡状况有了较大的改善，这与全国的下降速度基本一致。这说明吉林省的教育发展程度和发展水平都超过了全国水平。

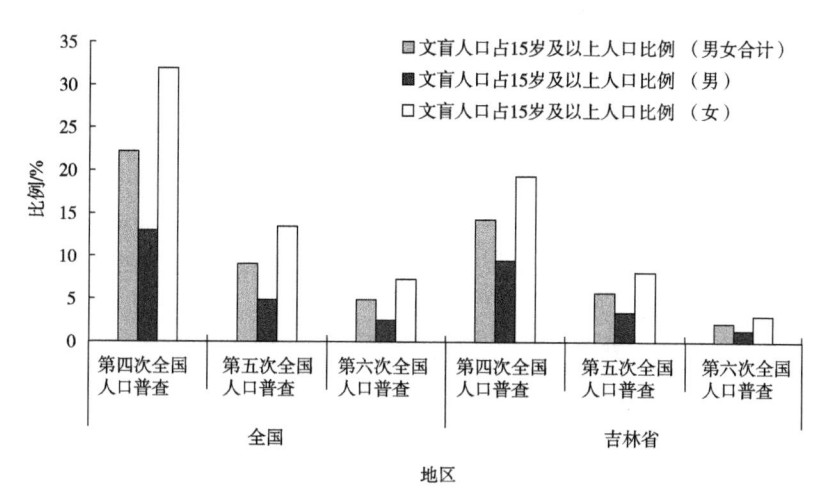

图 5.5 全国与吉林省文盲人口占 15 岁及以上人口比例对比图

第三节 数据与方法

一、数据来源及描述统计

本章所使用的数据是来自全国妇联和国家统计局委托的中国妇女社会地位调查，这次调查内容包括健康、教育、经济、社会保障、政治、婚姻家庭、生活方式、法律权益和认知、性别观念和态度九个方面。为深入分析不同女性群体社会地位状况与变化，还进行了儿童、老年、大学生、受流动影响人员和高层人才 5 个典型群体的调查。这一调查涉及 1990~2010 年这 20 年间的三期调查数据。第三次调查共回收 18 岁及以上个人有效问卷 105 573 份，10~17 岁儿童群体有效问卷 20 405 份。

本章样本涉及吉林省 1990~2010 年三期妇女地位的调研数据，其中 1990 年第一期数据样本为 942 个，2000 年第二期数据样本为 1 859 个，2010 年第三期数据样本为 2 342 个。本章对样本数据进行了横向和纵向的分析，首先，分别分析了这三期数据，对其进行分解；其次，对三期数据的结果进行了纵向的对比分析。在进行据分析之前，对回归过程中涉及的各个变量进行描述性统计，表 5.3 是三次回归中涉及的所有的变量及其定义。

表5.3　变量及其定义

变量	备注
受教育程度	0=不识字或识字很少，2=小学，但能够读、写，3=初中，4=高中，5=中专/中技，6=大学专科，7=本科，8=硕士，9=其他
健康状况	1=很差，2=较差，3=一般，4=较好，5=很好
在业状况	1=已退休/内退，2=退休后继续工作，3=在业
经验	经验是年龄减去开始从事劳动或工作的周岁数
收入	主要是指工资性收入等劳动收入，对收入取对数

在各变量中，受教育程度分为 9 个不同的等级，健康状况分为由坏到好的 5 个等级，是被调查对象对自身健康的评价结果；在业状况详细的分为 3 个等级，被调查对象根据自己的实际情况作答；经验是指样本的年龄减去其开始从事劳动或者工作的周岁数，并且对经验进行平方加入回归方程中；收入主要是指工资性收入等劳动收入，在计量分析中对收入进行对数化处理。

表 5.4 对 1990 年各变量的均值进行了统计，可以看出受教育程度、经验、经验平方、收入各个变量男性的均值均大于女性。从受教育程度来看，男性均值比女性大 0.392，男性受教育程度明显地高于女性；从经验来看，男性均值比女性大 2.635，即男性的平均参加工作的时间要比女性长；从收入方面来看，男性收入均值比女性大 0.152，即从均值来看男性收入比女性要多。

表5.4　1990年各变量均值

变量	全国	男性	女性
受教育程度	3.003	3.198	2.806
经验	17.689	18.998	16.363
经验平方	431.642	499.859	363.551
收入	3.025	3.101	2.949

表 5.5 对 2000 年各变量的均值进行了统计，从受教育程度来看，男性均值比女性大 0.104，男性受教育程度明显地高于女性，但是相比于 1990 年，女性的受教育程度有所提高，男性与女性之间的受教育程度差异在这 10 年间有所缩减；从经验来看，男性均值比女性大 1.295，即男性的平均参加工作的时间仍然要比女性长；从收入方面来看，男性收入均值比女性大 0.139，即从均值来看男性收入比女性要多，但是相比于 1990 年，男性与女性的收入差距基本变化不大，稍有缩小的趋势。

表5.5　2000年各变量均值

变量	全国	男性	女性
受教育程度	3.343	3.394	3.290
经验	19.765	20.435	19.140
经验平方	506.891	537.447	478.400
收入	3.607	3.679	3.540

表5.6对2010年各变量的均值进行了统计，经过20年的发展变化，从受教育程度来看，男性均值比女性大0.026，男性与女性的受教育程度基本相同，男性与女性之间的受教育程度的差距经过20年间教育覆盖率、教育水平及教育质量的不断提高，女性的受教育程度有明显提高，两者之间的差距越来越小。从健康状况来看，男性也明显好于女性，这可能是由男性本身生理特征决定的；从在业状况方面来看，男性的在业状况明显好于女性，首先这是由于男性比女性更多参与到社会工作中。另外，由于社会的歧视，女性参与社会工作的机会比女性更少，因此在业状况会更差一些；从经验方面来看，女性跟男性基本相同，甚至女性比男性的经验还要更好一些。经过20年的发展，女性不仅仅在家庭中承担责任，而且越来越多地参与到社会工作中。从收入方面来看，男性收入均值比女性大0.209，即从均值来看男性收入比女性要多，但是相比于2000年及以前，男性与女性的收入差距在慢慢扩大。男性与女性收入差距扩大的原因涉及政府、市场等多方面，歧视是其中一个重要原因。

表5.6　2010年各变量均值

变量	全国	男性	女性
受教育程度	3.416	3.429	3.403
健康状况	3.767	3.872	3.661
在业状况	2.733	2.831	2.634
经验	25.010	25.007	25.013
经验平方	767.736	758.733	776.800
收入	3.968	4.072	3.863

二、分解方法

从男性与女性收入之间的差异可以看出,男性与女性收入均值之间的差值达到了 0.34,男性明显高于女性。分解两个不同特征人群的收入差异可以沿着 Oaxaca-Blinder 的框架展开。为了分离各个因素收入对数值的影响,同时也是出于下一步分解分析的需要,可以首先估计男性与女性的收入函数如下:

$$\ln wage = X\beta + \varepsilon \tag{5.1}$$

其中,因变量 ln wage 为收入的对数;X 代表个人特征的向量,包括受教育程度、健康状况、在业状况、经验、经验平方;β 为相应的系数估计值;ε 为随机误差项。据此可以将男性与女性的收入差异分解为可解释部分,即由男性与女性在特征、禀赋上的差异来得到解释部分与不可解释部分,这部分收入差异起因于男性和女性的各项特征的不同市场回报,它无法通过男性与女性在特征上的差异得到解释。

这里男性与女性人口的平均收入对数分别为

$$\overline{\ln wage_m} = X_m \hat{\beta}_m \tag{5.2}$$

$$\overline{\ln wage_f} = X_f \hat{\beta}_f \tag{5.3}$$

其中,下标 m 表示男性;f 表示女性,$\overline{\ln wage_m}$ 表示城市男性的平均收入对数;X_m 为城市居民样本中解释变量的均值;$\hat{\beta}_m$ 为方程(5.2)的回归系数。同理可知方程(5.3)各个变量的含义。城乡居民之间的收入差异可以分解为

$$\overline{\ln wage_m} - \overline{\ln wage_f} = (X_m - X_f)\hat{\beta}_f + (\hat{\beta}_m - \hat{\beta}_f)X_f \tag{5.4}$$

方程(5.4)等号右边的第一部分即为可解释的部分(特征效应),第二部分则为不可解释的部分(系数效应),可以将系数效应视为对农村居民的歧视。

第四节 收入差距的回归及分解

一、1990 年男性与女性收入差距的回归及分解

本节根据明瑟工资方程对收入的对数进行回归,分别对 1990 年的全部样本、

男性样本、女性样本进行回归,回归结果如表 5.7 所示。

表5.7 1990年样本收入方程回归结果

变量	全部	男性	女性
受教育程度	0.042*** (6.284)	0.039** (2.238)	0.045** (4.719)
经验	0.017*** (−7.289)	0.015*** (2.983)	0.021*** (−6.646)
经验平方	-3.36×10^{-4}*** (−4.335)	-2.91×10^{-4}*** (−2.675)	-4.427×10^{-4}*** (−2.913)
调整R^2	0.059	0.022	0.027
F值	15.797	4.569	5.364
观测值	942	474	468

***、**、*分别表示该系数估计值在 0.01、0.05、0.10 的水平上显著

由表 5.7 的回归结果可以看出,男性的教育收益率为 3.9%。而女性的教育收益率为 4.5%,男性的教育回报率低于女性,整体来说 1990 年我国的教育回报率并不高。考虑到男女受教育程度的差别,女性的教育回报率相对较高,女性本身较男性来说是一个弱势群体,其接受教育的程度更能够决定其收入的程度,并且教育对女性的覆盖率较低,使得女性的教育回报率虽然较男性稍高,但是收入并不如男性,男女收入之间由教育引起的收入差距依然很大。同样,经验方面,女性的回报率也高于男性,其原因同教育回报率是一样的,并且女性参与工作的机会和可能比男性小得多。所以由经验引起的收入差距也是不容忽视的。

计算可得,男性与女性的收入差距的条件均值差距是 0.152。本节运用 Oaxaca-Blinder 方法对男性与女性的收入的条件均值差距进行分解。

表 5.8 运用了 Oaxaca-Blinder 方法对男女收入的条件均值差距进行分解。可以看到,两者的收入差距基本上是由歧视引起的。这与当时市场经济发展不够充分以及中国文化有着密不可分的联系。20 世纪 90 年代的中国女性参与到社会工作的人数就比较少,即便是有一部分女性参与到了社会生活中,她们受到的歧视几乎是绝对的,首先是"同工不同酬",即女性在同样的工作中所获得的报酬与男性是不同的;其次是行业的市场分割使女性难以进入高收入的行业和职位,因此会有以上分解的结果。

表5.8　1990年样本收入差距分解结果

变量	特征	百分比	系数	百分比
受教育程度	0.002 943 777	−1.554 093 798	−0.003 196 252	1.687 381 341
经验	0.001 564 641	−0.826 013 213	−0.003 223 52	1.701 776 975
经验平方	$-7.047\,79 \times 10^{-5}$	0.037 207 047	$8.762\,3 \times 10^{-5}$	−0.046 258 353
总计		−2.342 899 964		3.342 899 963

二、2000年男性与女性收入差距的回归及分解

对2000年的样本同样根据明瑟工资方程对收入的对数进行回归,回归结果如表5.9所示。

表5.9　2000年样本收入方程回归结果

变量	全部	男性	女性
受教育程度	0.098** （15.709）	0.102** （11.101）	0.095** （11.179）
经验	0.014*** （5.706）	0.013*** （3.460）	0.015*** （4.472）
经验平方	-2.75×10^{-4}*** （−4.914）	-2.56×10^{-4}*** （−3.143）	-2.84×10^{-4}*** （−3.660）
调整R^2	0.157	0.125	0.124
F值	87.697	43.720	46.189
观测值	1 859	897	962

***、**、*分别表示该系数估计值在0.01、0.05、0.10的水平上显著

由表5.9回归结果可以看出,男性的教育收益率为10.2%。而女性的教育收益率为9.5%,男性的教育回报率高于女性,即在教育回报率上就存在对女性的歧视。男女收入之间由教育引起的收入差距很大。同样,经验方面,女性的回报率稍高于男性,主要是由于女性参与工作的机会和可能比男性小得多,其经验的多少就更会影响她们的收入,因此经验仍然是收入差距产生的一个重要因素。

2000年男性与女性的收入差距的条件均值差距是0.14。同样运用Oaxaca-Blinder方法对男性与女性的收入的条件均值差距进行分解。

由表5.10可以看到,两者收入差距的42.3%可由他们在特征上的差异得到解释,即男性与女性不同的个体特征,如受教育程度、经验等的不同,从而使得他们获得的收入不同,这一部分收入的差距在理论上是可以接受的。由系数引起的

差异,即不可解释部分占 57.7%。这说明男女收入差距在很大程度上是由歧视引起的,在排除了个体特征的影响之后,对女性的歧视,解释了一部分的收入差距的产生,这一部分在理论上是不能够被接受的。在由特征引起的差异中,男性与女性在受教育水平上的差异可以解释两者收入差异的 31.5%。这一结果还体现出教育对收入差异的较大解释力度。另外在教育上的歧视程度达到了 80.9%,经验可以解两者收入差距的 11.2%。相比 1990 年男性与女性的收入差距稍有缩小,并且女性受歧视程度大大降低。

表5.10 2000年样本收入差距分解结果

变量	特征	百分比	系数	百分比
受教育程度	0.001 381 394	0.314 760 676	0.003 550 893	0.809 096 804
经验	0.000 49 063	0.111 793 662	−0.001 032 709	−0.235 310 156
经验平方	$-1.651\,75 \times 10^{-5}$	−0.003 763 621	$1.502\,1 \times 10^{-5}$	0.003 422 635
总计		0.422 790 717		0.577 209 283

三、2010 年男性与女性收入差距的回归及分解

对 2010 年的样本也根据明瑟工资方程对收入的对数进行回归,回归结果如表 5.11 所示。

表5.11 2010年样本收入方程回归结果

变量	全部	男性	女性
受教育程度	0.086***	0.077***	0.096**
	(14.365)	(9.551)	(10.789)
健康状况	0.045***	0.050***	0.039***
	(6.161)	(5.019)	(3.707)
在业状况	0.182***	0.192***	0.179***
	(11.836)	(7.740)	(8.893)
经验	0.017***	0.017***	0.018***
	(7.250)	(4.937)	(5.365)
经验平方	-3.21×10^{-4}***	-3.35×10^{-4}***	-3.15×10^{-4}***
	(−6.914)	(−4.920)	(−4.907)
调整 R^2	0.243	0.184	0.203
F值	125.940	53.820	60.245
观测值	2 342	1 175	1 176

***、**、*分别表示该系数估计值在 0.01、0.05、0.10 的水平上显著

由表 5.11 的回归结果可以看出,男性的教育收益率为 7.7%。而女性的教育收益率为 9.6%,男性的教育回报率低于女性,整体来说 2010 年我国的教育回报率较之前有了很大的发展,女性的教育回报率相对较高。在市场经济发展比较完善的条件下,女性教育程度的提高能够降低其在市场中受歧视程度,其主要通过以下几个机制起作用:第一,高学历的妇女更有能力抵制市场中的歧视,而且高学历也有助于提高她们在女性传统的低收入职业外寻找工作的能力和意愿。第二,根据 Becker(1971)的雇主、顾客和雇员歧视模型,来自雇主、顾客和雇员的歧视偏见都会使女性和其他受歧视群体获得了较低的工资和就业预期。教育的改善能够提升个体的修养和品德,减少不道德偏见,而高学历的女性更有可能与这部分高素质的群体共同相处和工作,因此高学历能使她们处在歧视氛围较弱的环境下工作。第三,在统计性歧视理论模型中,教育是一个较易观察的变量,它向雇主发送了工人的内在能力和对工作态度的信息。女性因为生育、抚养孩子等任务不得不中断工作退出劳动力市场,降低了雇主对她们生产力和工作稳定性的预期。而女性教育程度的提高,表明她们对工作有更大的偏好,退出劳动力市场的概率更低,中断的时间也会更短,因此将会提高雇主对这类群体工作稳定性的预期,从而降低这部分群体受到的歧视程度。第四,"自选择"观点认为男性几乎都参与就业,而劳动力市场会选择更有才能的女性成为劳动者,故使估计出来的女性回报率高于男性。第五,性别教育回报率差异的另一个可能的原因是存在补偿效应,即女性虽然进入的是低工资收入的职业、行业和所有制部门,但这些低收入部门的教育回报率却可能较高。第六,Li(2003)指出少数女性获得高学历,高技能妇女劳动供给相对低于男性,因而女性的教育回报率高于男性。虽然女性的教育回报率虽然较男性稍高,但是考虑到男女受教育程度和质量的差别,女性收入并不如男性,男女性收入之间由教育引起的收入差距依然很大。

从健康状况上看,男性的回报率大约为 5%,而女性的回报率只有 3.9%。这说明在健康的回报率上本身就存在了对女性的歧视,这主要是在现代工业产业中,女性所受到的歧视更严重。在业状况存在与健康状况相同的现象,男性的回报率为 19.2%,而女性为 17.9%,健康每变动一个单位男性比女性获得的收入会更多。经验方面,女性的回报率稍高于男性。1990~2010 年这 20 年间,女性参与工作的机会和可能一直比男性小得多,其经验对于男女收入差距的影响作用是不容忽视的。

2010 年男性与女性的收入差距的条件均值差距是 0.21。继续运用 Oaxaca-Blinder 方法对男性与女性的收入的条件均值差距进行分解。

由表 5.12 可以看到,两者收入差距的 77.2%可由他们在特征上的差异得到解释,即男性与女性不同的个体特征,如受教育程度、健康状况、在业状况、经验等的不同，使得他们获得的收入存在差异，这一部分收入的差距是人们普遍能够认同的。由系数引起的差异，即不可解释部分占 22.8%。这说明歧视在男性与女性收入差距上的解释程度还是很大的，在个体特征的作用之外，对于女性的歧视，解释了一部分的收入差距的产生，但是这一部分在理论上是引起不公平感的主要因素。但是相比 1990 年和 2000 年歧视的程度大大地降低，由 2000 年的 57.7%下降为 22.8%，但是说明经过几十年的发展，女性的社会地位有了很大程度的提高。

表5.12　2010年样本收入差距分解结果

变量	特征	百分比	系数	百分比
受教育程度	0.000 368 084	0.035 850 128	−0.009 536 43	−0.928 814 64
健康状况	0.001 091 311	0.106 289 9	0.005 653 903	0.550 670 477
在业状况	0.006 464 418	0.629 611 822	0.006 734 741	0.655 940 398
经验	$-2.175\,33 \times 10^{-6}$	−0.000 211 87	−0.000 499 94	−0.048 692 38
经验平方	$3.701\,23 \times 10^{-6}$	0.000 360 487	$-1.031\,2 \times 10^{-5}$	−0.001 004 33
总计		0.771 900 466		0.228 099 534

四、二十年间的男性与女性收入差距的对比分析

本章统计了 1990~2010 年的性别歧视的变化，具体见表 5.13。

表5.13　二十年间歧视的变化

年份	1990	2000	2010
条件均值	0.152	0.14	0.21
可解释部分/%	−234	42.3	77.2
不可解释部分/%	334	57.7	22.8

由实证过程可知，1990 年、2000 年、2010 年三个阶段点的条件均值分别为 0.152、0.14、0.21。总体来说，男性与女性的收入差距具有不断扩大的趋势。由表 5.13 可以看出不可解释的部分由 1990 年的 334%逐渐减低到 2000 年的 57.7%，2010 年则为 22.8%，实现了从完全歧视、大部分歧视到部分歧视的转变，这与中

国市场经济发展是息息相关的。市场经济的发展使更多的女性得到认可,更多地参与到社会工作中,社会对女性的教育、健康、经验等的承认程度也在不断提高,甚至有时候超过男性,但是由于女性受教育程度仍然普遍较低,能够参与的行业和职业相对于男性来说还有很大的局限性,更多进入的是低工资收入的职业、行业和所有制部门。另外社会赋予女性更多的家庭责任,承担了生育、抚养孩子的主要责任,对女性的歧视随着经济发展在逐渐降低但是依然存在。

第六章　劳动力市场分割的经济学解释

第三章至第五章通过实证研究解析了我国劳动力市场在区域、行业及性别方面存在的收入差异，并将其分解出了不可解释的差距构成，劳动力市场正是由于这种歧视性存在，影响了其市场运行效率。

经过对收入差距的区域、行业及性别等方面分解，从我国经济发展的实践解析了这种差距及其构成的原因，本章拟从经济理论视角抽象分析我国多重劳动力市场分割的理论原因，进一步探讨其形成机理及存在的影响。

"歧视"比较被普遍接受的定义是相同的人或事被不平等的对待或者不同的人或事受到相等的对待。

从社会学角度看，收入差别或者机会差别的主要原因可能并不是歧视，而是一个人从出生到社会化的过程中不断受到"差别对待"和"角色模式机制"的影响导致的，如男人被期待努力工作以维持家庭生活，要争强好胜寻求事业辉煌，而女性被认为应该履行成为贤妻良母的责任。所以社会学认为劳动力市场性别差异的存在有一定的合理性。

从经济学角度看来，歧视是指劳动力市场上对劳动者与生产率无关的个人特征的估计。歧视是可以衡量的劳动力市场行为结果，如工资、就业水平、晋升机会。从理论上而言，受教育程度、工作经验、企业规模、健康与婚姻状况、所处的行业或地区等可观察的劳动生产率特征和其他不可观察的因素决定着劳动者的工资报酬水平。一般来说，在控制了影响性别工资差异的生产率特征因素之后，仍然有一部分差异无法得到解释，这部分差异被认为是歧视造成的。

经济学模型对歧视的解释（Becker，1957）缘起较早，本章拟从五个角度利用经济学理论解释歧视（或者分割）的原因和经济效应。

第一节　个人偏见理论与劳动力市场歧视

雇主歧视模型假设在竞争性的劳动力市场上，雇主是工资接受者，如果雇主对于男性雇员有某种预定的偏好，那么即使女性具有与男性同样的资格，那么雇主在进行挑选雇员的决策时仍然认为女性生产率比男性要低。因此，女性的生产率在雇主那里的贬值完全是出于一种主观上的偏见，雇主的偏见越深，女性实际生产率被打折扣的幅度越大。MRP 表示在某一竞争性劳动力市场上的所有工人的实际边际生产率，d 表示女性的生产率被雇主贬值的程度，那么在这种情况下，只有当男性的工资率 W_m 等于 MRP 时，市场才能达到均衡

$$\text{MRP} = W_m \tag{6.1}$$

然而对于女性劳动力成员来说，只有当她们的工资率 W_f 等于她们对于企业的主观价值的时候，市场才能达到均衡，即

$$\text{MRP} = W_f + d \tag{6.2}$$

因为可以假定女性的实际边际生产率与男性相等的，因此 W_f 必然小于 W_m，

$$W_m = W_f + d \tag{6.3}$$

通过等式（6.3）这个简单的经济逻辑可以看出，女性劳动力成员的实际生产率遭到雇主的贬低，如果她们要同男性劳动力竞争工作岗位，就必须以一种比男性低的工资来得到就业岗位。雇主歧视模型中（图 6.1），歧视性雇主对女性成员的雇用水平为 N_0，他获得的利润为 *AEFB*；而非歧视性雇主对女性成员雇用水平确定在 N_1 上，他的利润为 *AEG*。歧视性雇主因为他们的偏见放弃了一部分利润。

根据 Peoples 和 Talley（2001）、Black 和 Strahan（2001）等的研究，雇主性别歧视最有可能是在产品市场上有垄断力量的企业中存在。看起来他们这种"浪费"的雇用方式损失了利润，但是他们一方面可以"隐藏"自己的利润，另一方面继续通过垄断获取超额利润。

如果在竞争性市场上，达到利润最大化的非歧视性企业通常能够比歧视性雇主从既定的投资组合中获得更多的收益，非歧视厂商会逐渐合并那些歧视厂商，从而逐渐接管整个市场，换句话说，歧视现象在市场化条件下不具备存在的合理性，即歧视程度与市场化水平成反比。

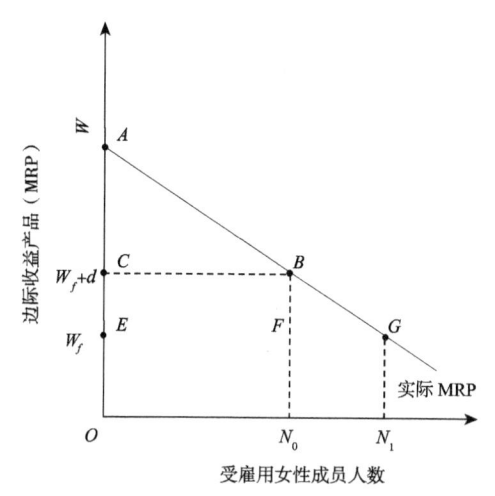

图 6.1 歧视性企业的均衡就业示意图

资料来源：伊兰伯格和史密斯（2007）

实证研究也证明，歧视在管制性、垄断性的产品市场上更多一些，更加肯定了反垄断、打破管制的必要性。

除了雇主歧视，市场中还存在雇员歧视和顾客歧视等多种歧视类型。顾客歧视导致的职业隔离具有较强的文化属性，运用经济手段比较难以克服。雇员歧视是指作为潜在同事的雇员对某类群体存在个人偏好，这些具有歧视性偏好的雇员可能会刻意避开与该群体成员共事的情形。企业可能会选择去适应这些雇员的歧视性偏好，但是这种适应的管理成本很高。

因此，个人偏见会导致就业和收入的市场分割，并且对市场效率产生影响。

第二节 垄断与劳动力市场歧视

我国劳动力市场的不完全竞争性，导致了行业垄断。在劳动力市场中，非垄断行业的竞争性强，劳动力是可以自由进出和流动的。而垄断行业具有非市场化的进入门槛，对于多数劳动力而言，这部分市场并不是他们可以供给的部分，因此自由配置的市场缩小。

图 6.2 分别示意了完全竞争市场、垄断市场、非垄断市场的劳动力供求状况。图 6.2 中（a）子图是表示在理想的完全竞争市场条件下，根据市场对劳动力的整体需求曲线 D 和市场供给曲线 S，决定了市场的均衡工资水平为 W_0，均衡就业量为

L_0。图 6.2 中（b）子图表示在垄断行业内部，企业对劳动力的需求曲线依然遵循市场规律，但是由于市场是分割的，很多劳动力无法供给到此市场，于是该市场面临的供给曲线向左移动为 S_1，形成了垄断行业地均衡工资为 W_1，就业量下降为 L_1，可以看出，垄断造成了行业内部的高工资和低就业率，损失了社会资源效率，造成了收入差距。图 6.2 中（c）子图表示的是在垄断行业之外的其他市场，这部分市场是市场化的，劳动力可以自由选择进入就业，但是垄断部分并没有完全消化它应该承担的所有就业，导致这部分市场的劳动供给压力大于理想化的完全竞争市场，供给曲线相对位置偏右，形成了该部分市场中的低工资和比较高的就业。

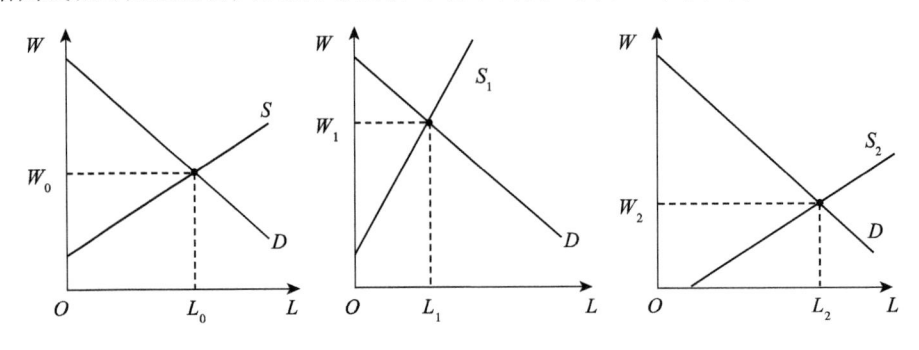

（a）完全竞争市场的工资决定　（b）垄断行业的工资决定　（c）非垄断行业的工资决定

图 6.2　垄断行业和非垄断行业的工资决定示意图

垄断不仅会形成工资歧视，还会导致社会福利的损失。在图 6.3 中，竞争市场均衡在 Q_0，而垄断市场均衡在 Q_1 水平，这种垄断性使人力资源无法充分利用，社会产出水平下降，造成了（$a+b$）部分的社会福利损失。

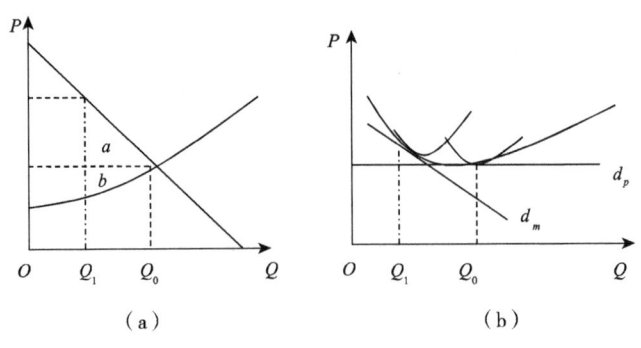

（a）　　　　　　　　（b）

图 6.3　垄断与社会福利损失示意图

第三节 搜寻成本理论与歧视

从个人偏见和垄断市场等角度看,劳动力是被固定到相应的群体中的,劳动力在各职业群体之间的流动受到限制。劳动力市场搜寻模型结合了垄断理论、歧视理论和职业隔离分析,雇员的搜寻成本导致雇主面临一种向上倾斜的劳动供给曲线,劳动力的边际成本将会上升到工资以上,即使在劳动力市场上有很多雇主,同样也会引起雇主的买方垄断行为。劳动力供给曲线的倾斜角度越是陡直,工资和边际劳动力成本之间的差异就会越大。追求利润最大化目标的雇主,选择雇用水平最终会停留在劳动边际成本等于边际收益的那一点上。所以,劳动供给曲线越陡直的工人群体,其所获得的工资相对于预期边际收益产品而言就越低。

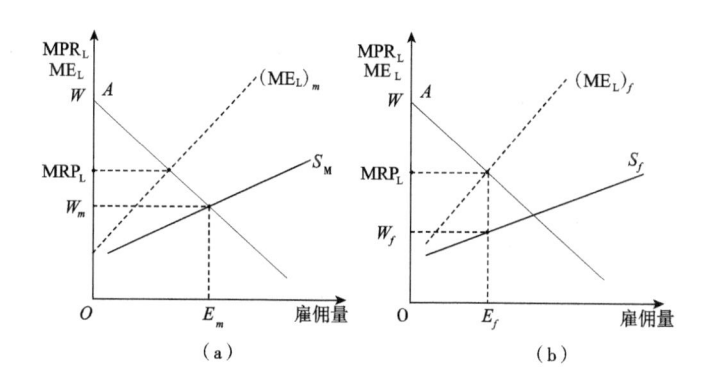

图 6.4 搜寻成本与工资歧视
资料来源:伊兰伯格和史密斯(2007)

图 6.4 描述了具有相同劳动边际收益产品的两个工人群体,图 6.4 中(a)子图所描述的是搜寻成本相对较低的工人群体的劳动供给曲线,以及劳动力边际收益产品曲线。这一群体的劳动力供给曲线 S_M 相对较为平坦,与之相联系的劳动力边际费用曲线$(ME_L)_m$也是相对较为平坦的。利润最大化的雇主将会从这一群体中雇用 E_m 数量的工人并向他们支付 W_m 的工资率,这一工资水平仅仅比 MRP_L^* 稍微低一点。图 6.4 中(b)子图所描述的是由于歧视性雇主的存在而被迫承担较高搜寻成本的那一群体的劳动供给曲线和劳动力边际收益产品曲线。由于他们具有

较高的搜寻成本，劳动力供给曲线 S_f 和劳动力边际费用曲线（ME_L）$_f$ 更加陡峭，劳动边际收益产品 MRP_L^* 和工资率 W_f 之间存在更大的差异。较高的搜寻成本意味着单个被歧视群体成员找到非歧视性雇主的机会比较小。他们被安排到工资率较低的职位上的可能性更大。

第四节　劳动力市场分割与失业

假设甲乙两个区域市场产品可以流通，但是劳动力无法实现区际流动（即劳动力市场分割）（图 6.5），初始状态为充分就业，甲市场为 L_0，乙市场为 L_1，工资率为 W_0，若甲市场生产效率提高，D_1 升至 D_2，工资率升至 W_1，甲生产的产品进入乙市场使得乙市场生产下降，劳动力需求从 D_3 降至 D_4，由于劳动力无法实现区际流动，工资又缺乏弹性，乙地区出现了 L_2L_1 的失业。由此可见，存在劳动力市场分割和市场工资刚性，失业就不可避免，失业使至少 L_2L_1 的劳动无法充分实现其人力资源效率。

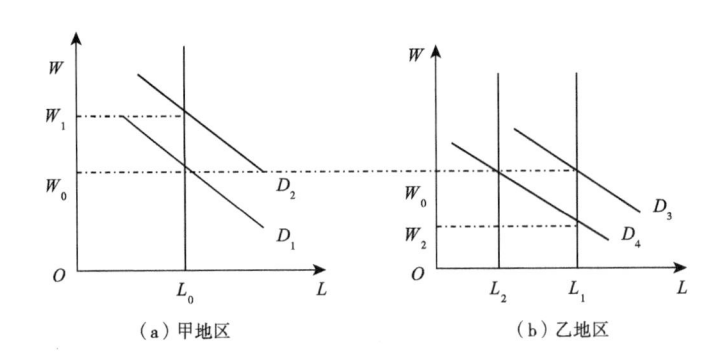

图 6.5　劳动市场分割与失业示意图

另外，对于甲地区而言，如果工资率一直居高不下，厂商会用资本替代劳动，如图 6.6 所示，使其对劳动的需求从 L_0 降至 L_1。因此，劳动力市场分割使甲乙市场均出现了失业增加现象，导致两个市场的人力资源均无法充分发挥其效率，造成了人力资源浪费，整体产出下降，社会福利损失。

图 6.6 工资上涨与失业示意图

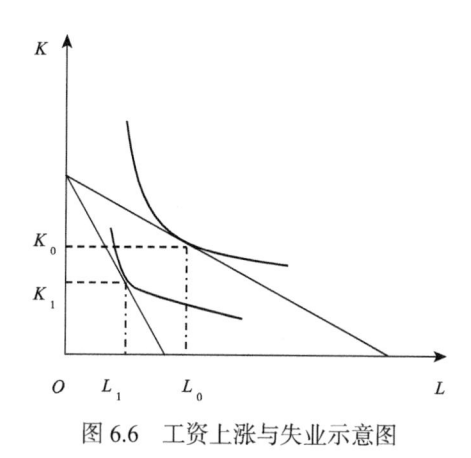

第五节 劳动力市场分割的社会成本分析

劳动力市场分割不仅使具有同样劳动能力的二级市场劳动力被剥夺了应该享有的就业机会，而且分割的劳动力市场会产生的冗余社会成本，降低劳动效率，对社会公平和效率同时产生影响。

假定有两个能力相同的人，用 1 和 2 表示他们在不同的劳动力市场上，其中 1 表示在一级市场或体制内市场上，2 表示在二级市场或者体制外市场上。分割造成了 1 在一级市场上待遇报酬较高，而且稳定，即不管 1 的劳动努力付出 C_1 是多少，得到的报酬（包括在岗时的工资福利和退休后的养老金等）都是 W_A。2 在二级市场上，由于这个市场是自由竞争的，2 的报酬 W_2 取决于他的劳动付出 C_2，即 $W_2=C_2$，但 $W_2<W_1$。如果 1 和 2 的劳动付出 C_1、C_2 都是可变的，因为他们都会按照自己的判断和制度约束来决定自己的付出 C。C 可以是从 0 到大于 W_1 的值。

可以设定劳动者追求的目标是利润最大化，即个人利润最大化，利润公式 $\pi=W-C$；同时劳动者也追求公平，如果 1 认为 $W_1-C_1=W_2-C_2$，则 1 会觉得公平而愿意付出最大努力劳动；如果 1 认为 $W_1-C_1<W_2-C_2$，则 1 会觉得不公平而降低努力的程度。对 2 来说也是如此。

如果只有一个统一的劳动力市场，在自由竞争的情况下会有

$$W_1=W_2=C_2=C_1$$

使 1 和 2 的净利润为

$$\pi_1=W_1-C_1=0$$

$$\pi_2 = W_2 - C_2 = 0$$

在劳动力市场分割的情况下，劳动力市场分割为一级市场和二级市场两个相对隔离的市场，那么 1 和 2 的决策情况会发生变化。

一、在二级市场里自由竞争的决策

因为劳动力 2 在二级市场里，面临的是既有竞争的条件，因此
$$W_2 = C_2$$
2 的利润状况为
$$\pi_2 = W_2 - C_2 = 0$$
但是因为 2 具有和 1 一样的能力，他可以通过付出更多的劳动努力
$$C_2' > C_B$$
而得到更多的 W_2'，直到
$$\pi_2' = W_2' - C_2' = 0$$
如果在一级市场上的 1 不努力，而使 $C_1 < W_1$，可以把 $W_1 - C_1$ 部分付给 2，使 2 得到
$$W_2' = W_2 + (W_1 - C_1)$$
则 1 因为是自由竞争的，他愿意付出
$$C_2' = W_2' = W_2 + (W_1 - C_1) > C_2$$
这样对于 2 个人和社会来说都改进了效率，而且因为存在两个市场的分割，2 会认为自己的所得和付出
$$W_2 - C_2 < W_1 - C_1$$
所以有不公平感，生产积极性激励不足，因而实际付出
$$C_2 < C_2', \text{有}$$
$$W_2' = C_2' < W_2 = C_2$$

也就是说，虽然 2 的实际付出 W_2 和回报 C_2 是相等的，但都低于市场均衡时的付出和回报 $W_2' = C_2'$，产生社会和个人的效率损失。这说明对于较低福利待遇的二级市场的人来说，因为是按市场供求决定的，所以他的付出和回报基本是相符的，但是由于有较高福利待遇的一级市场的人做参照，二级市场的人存在不公平感，且没有进入一级市场的期望作为激励，会降低努力程度，为社会创造财富少，自己也得不到更高的收入，对社会和个人来说都降低了福利。

二、在一级市场里的最优决策

如果劳动者在一级市场里相对有保障而缺乏激励,即使他不努力雇主也会支付 W_1,则 1 会使自己的付出

$$C_1 < W_1$$

即 1 的所得超过了付出。虽然对 1 来说得到了净利润

$$\pi_1 = W_1 - C_1 > 0$$

但对社会来说则是支出超过收益而产生(W_1-C_1)的不必要社会成本。在这种情况下,雇主只能逐渐降低 W_1 以减少负担,结果导致 W_1 和 C_1 都逐渐降低。计划经济时期有很多这种情形,因为有就业保障而缺乏激励,会使工人降低努力程度,付出减少,为社会创造的财富也减少。但他得到的超过付出的报酬是社会的浪费。

如果企业可以利用二级市场上的报酬情况作为对照,身处一级劳动力市场的劳动者 1 也可能会面临另外一种情况。

企业以二级市场上 2 的待遇 W_2 作为 1 的对照和威胁,强硬要求 1 付出大于 W_1 的 C_1,否则就只能到二级市场接受 W_2 的待遇。劳动者 1 很清楚 $W_1>W_2$,接受 W_2 的待遇意味着生活水平的下降,这是 1 不愿意接受的,那么只要 1 认为

$$C_1' - W_1 < W_1 - W_2$$

A 就有可能付出 $C_1' > W_1$,而得到净利润

$$\pi_1 = W_1 - C_1' < 0,\ 或者说损失\ C_1' - W_1$$

虽然 $\pi_1<0$,但因为 $C_1'-W_1<W_1-W_2$,1 认为多付出带来损失 $C_1'-W_1$ 比从一级市场到二级市场工作产生的损失 W_1-W_2 要小,因而愿意留在一级市场,为得到 W_1 的待遇付出 C_1',而且因为一般人都是倾向于回避风险的,所以 1 也愿意享受到一级市场没有失业风险的保障,为此的损失 $C_1'-W_1$,可以将其看做换取固定的工作保障,避免风险而付出的代价。1 也会相信,因为一级市场是固定保障的,更多的可能的机会还是只付出小于 W_1 的 C_1,而不是大于 W_1 的 C_1'。

因此一级市场的雇主,可以因为有二级市场作为参照,要求员工付出更多的劳动而保住现有的稳定工作和较好的福利待遇,如果员工接受这种威胁和要求,尽可能努力劳动,这样的话,社会财富会增加,但是对个人来说其收益和成本并不相等,降低了个人福利水平。

另外,如果雇主和员工采取用经济租金的方式解决工作岗位的归属,即雇主向员工索要其留在一级市场的好处费,就会滋生大量的腐败,这样员工为留在一

级市场付出了超额成本，同时社会福利也没有提高，更加损害了劳动力市场的健康发育。

如果员工过度付出，必然导致劳动力的过度使用，甚至会产生体制内员工，尤其是知识分子过劳死的现象。如果员工向领导行贿获取体制内职位，其付出成本较高，在相对稳定的收益条件下，他就会采取"偷懒"行为以降低其劳动成本，进而缩小 $C_1^i - W_1$ 的差距。

要解决这些个人福利下降或者社会福利下降的问题，应该将劳动力市场统筹为一个市场来考虑。要使两个劳动力市场统一起来成为一个整体的市场，需要考虑的是这个过程中的利益格局调整，寻求成本较低的改革方式才能顺利实现变革。

由于收入刚性前提，降低工资福利待遇的阻力很大，不可能通过结构性的降低工资收入来实现两个市场的统一。比较容易的途径应该是遵循帕累托最优原则，即保持一级市场待遇不变，提高二级市场工资收入和待遇水平，但是这个方式需要政府短期内支付过高的成本，这种社会改革成本不可能在短期内解决，因此两个市场待遇"一刀切"是不可行的。

比较可行的途径是降低一级市场待遇增长的速度，提高二级市场待遇增长的速度，使其待遇逐渐接近，当差别小到一定程度时再并轨。如果在改革过程中一部分人自我感觉受了较大的损失，他们会抵制或与其他利益集团产生摩擦，增加改革难度甚至引起动荡。

第七章　劳动力市场分割与大学生就业

第一节　大学生劳动力市场的基本状况

一、大学生就业与失业现状

最新统计数据显示（图 7.1），2015 年高校毕业生将达到 749 万人，比 2014 年又增长 22 万人，达到史上最高，同时，往届毕业生挤压，农村富余劳动力，高校就业形势依然严峻。自从 1999 年高等教育改革以来，我国高校不断扩招，2001 年高校毕业生人数仅为 114 万人，到 2014 年激增了 6 倍。随着高等教育大众化的推进，大学生在青年就业中的比例明显增大。

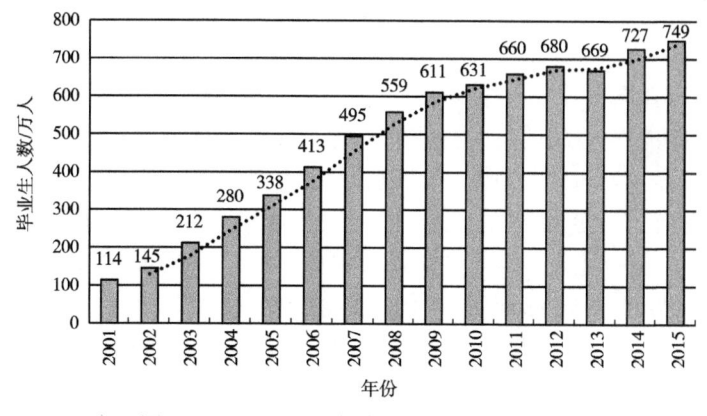

图 7.1　2001~2015 年全国高校毕业生人数

智联招聘调查显示（表 7.1），2015 年全国高校毕业生就业形势仍然复杂而严峻，749 万名毕业生中有 71.2%的毕业生选择就业，这将会再次造就"史上更难就业年"。

表7.1　2015年高校毕业生求职竞争力（单位：%）

院校	面试概率	录用概率
211或985类型大学	25.4	49.6
普通本科	24.1	42.4
专科院校	18.1	38.1
学历	面试概率	录用概率
大专	18.5	37.5
本科	20.4	41.6
硕士	24.4	52.7
博士	23.8	42.5

资料来源：智联招聘 2015 届毕业生就业能力调研

二、大学生就业倾向及意愿分析

大学生就业的倾向及意愿反映大学生劳动力市场对劳动力就业职位的需求倾向，是研究大学生就业问题的重要因素，就业意愿与就业职位的匹配度就是大学生就业市场的供求平衡程度。大学生就业意愿不仅包括就业的行业分布，还包括就业的企业类型、工资收入、地区选择等多重维度的指标。

大学生就业的期望单位性质中，国有企业和三资企业占比最高，但是在实际就业单位性质构成中，民营企业占 41.8%，成为大学生就业的最主要的企业类型（图 7.2）。行业选择反映大学生进入一级劳动力市场的主观意愿，智联招聘调查显示，毕业生期望就业的前三大行业依次为 IT/互联网/通信/电子、金融/银行/投资/基金/证券/保险、政府/公共事业/非营利机构。而实际就业的前三大行业依次为 IT/互联网/通信/电子、金融/银行/投资/基金/证券/保险、房地产/建筑业。其中，IT/互联网/通信/电子行业是应届毕业生期望值最高的，同时实际就业率仍然远高于期望就业率，说明 IT/互联网/通信/电子由于近年来的迅速发展，行业体量迅速膨胀，对人才的需求陡增，职位数量急剧增加，招聘量大，对于应届毕业生的吸纳能力非常显著。

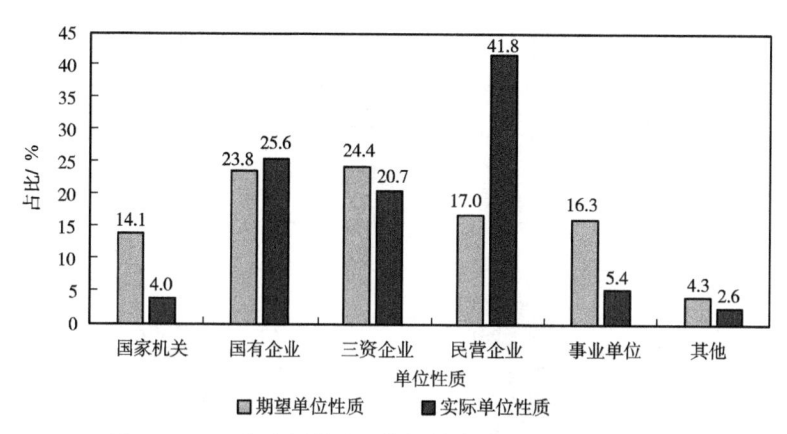

图 7.2 2015 年应届毕业生期望单位性质与实际单位性质
资料来源：智联招聘 2015 届毕业生就业能力调研

中国自古就有"士农工商"的职业地位排序，且一人的职业地位与社会地位有着密切的关系，等级制度森严，一般情况下人的社会地位终身不变。现代社会，人们可以自由选择职业，但职业社会地位的层级仍然客观存在。职业地位主要以职业声望来衡量。职业声望是人们对职业地位的主观反映，是人们对不同职业的社会价值评价。研究表明，不同的社会群体对职业声望评价基本趋于一致。处于职业声望分布的上层和中上层的职业，绝大多数被一级市场的职业占据。二级市场的职业更多地居于职业声望的中层、中下层甚至下层（表 7.2），表明一级市场的职业地位明显高于二级市场，这就造成高校毕业生更希望在一级市场就业。

表7.2 各职业群体在声望分层中的分布

职业群体	上层	中上层	中层	中下层	下层
党政领导干部	39.3	2.2	0	0	0
经理人员	21.3	6.8	0.1	0	0
私营企业主	6.6	7.3	0.2	0	0
专业技术人员	27.9	23.9	0	0	0
办事人员	4.9	30.9	2.3	0	0
个体工商户	0	13.2	11.8	0	0
商业服务业员工	0	12.4	10.3	73.2	100
产业工人	0	3.2	13.2	0	0
农业劳动者	0	0.1	54.9	26.8	0
无业失业半失业者	0	0	7.1	0	0
合计	100	100	100	100	100

资料来源：张春玲（2005）

工资收入也是大学毕业生最为关注的就业指标，调查显示（图 7.3），2015年应届毕业生总体的实际签约月薪平均值为 4 793 元，相比往年有较大增幅。随着经济情况的好转及整体就业趋势的逐渐明朗，大学生对未来的薪酬信心较足，尽力去争取薪酬较高的职位，也更加希望能够进入收入较高的一级劳动力市场。

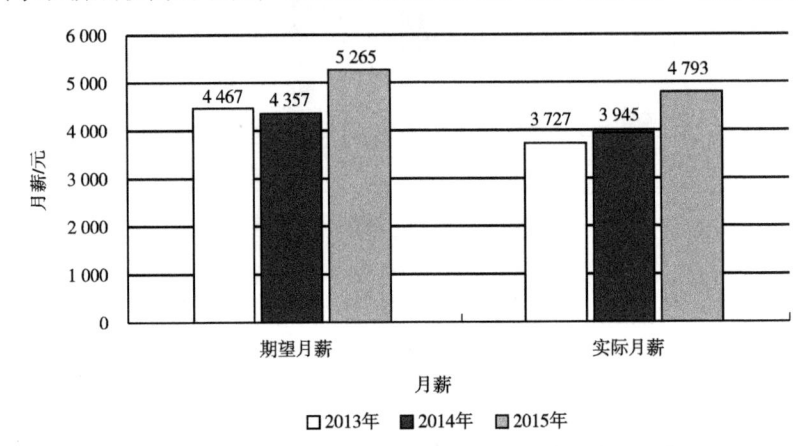

图 7.3　2013~2015 年应届毕业生期望月薪与实际月薪
资料来源：智联招聘 2013 届、2014 届、2015 届毕业生就业能力调研

就业的地区选择涉及未来的发展空间和生存环境质量，地区和城市的差异不仅仅体现为工资的收入水平会有差异，更意味着劳动者会享有差异化的公共产品。北京青年压力管理服务中心进行的《2015 年中国大学生就业压力调查报告》显示，近半数（48.8%）的被调查者（7 671 人）表示希望去省会城市及计划单列市这样的二线城市工作，其次是地级市（4 014 人，25.5%），最后才是直辖市（2 199 人，14.0%）。另外，有 1 223 人（7.8%）表示愿意去县级城市工作，212 人（1.3%）表示愿意去乡镇工作，409 人（2.6%）则选择了其他地区（海外）。

三、大学生就业市场的特点

大学生是一类特征鲜明的就业群体，他们内部具有较强的人力资本的同质性，同时每年的供给量巨大，成为人力资源市场主要的新增力量，该市场均衡与否不仅关系到单个的大学生个体，同时会给我国劳动力市场带来巨大的影响，影响整体劳动力市场的就业质量和就业规模。根据中国人力资源市场信息监测中心检测数据，2015 年劳动力市场供求状况主要呈现以下几个方面的特征。

（一）劳动力市场需求略大于供给

虽然大学生就业形势依然不容乐观，但是就 2015 年第二季度的供求数据来看，劳动力市场的需求略大于供给，但是与去年同期相比，市场供求人数均有所下降。

2015 年第二季度，从供求对比看，用人单位通过公共就业服务机构招聘各类人员约 560 万人，进入市场的求职者约 528 万人，岗位空缺与求职人数的比率约为 1.06，市场需求略大于供给。与 2014 年同期相比，2015 年第二季度的需求人数和求职人数分别减少了 28.8 万人和 13.2 万人，各下降了 5.4%和 2.7%。

（二）大学生就业市场区域不均衡，东部地区求职人数略有增长

与去年同期相比，东部地区求职人数略有增长，其他地区市场供求人数均呈下降态势。2015 年第二季度东部、中部、西部地区岗位空缺与求职人数的比率分别为 1.03、1.11、1.08，市场需求均略大于供给。与 2014 年同期相比，东部地区市场需求人数略有减少，求职人数增加了 11 万人，增长了 4.1%；中部地区市场需求人数和求职人数分别减少了 11.5 万人和 11.9 万人，各下降了 9.2%和 10.5%；西部地区市场需求人数和求职人数分别减少了 17.2 万人和 12.3 万人，各下降了 13.9%和 11.0%。

（三）行业需求不均衡且呈现动态变化

从行业需求看，与 2014 年同期相比，交通运输仓储和邮政业、金融业、信息传输计算机服务和软件业、居民服务和其他服务业、租赁和商务服务业等行业的用人需求呈增长态势，而建筑业，农、林、牧、渔业，批发和零售业，制造业，住宿和餐饮业等行业的用人需求有所下降。

2015 年第二季度，从行业需求看，80.6%的企业用人需求集中在制造业（34.7%）、批发和零售业（14.5%）、住宿和餐饮业（11.2%）、居民服务和其他服务业（9.8%）、租赁和商务服务业（6.2%）、建筑业（4.2%）。

与 2014 年同期相比，用人需求增长较多的行业包括：交通运输仓储和邮政业（+36.3%）、金融业（+17.5%）、信息传输计算机服务和软件业（+5.5%）、居民服务和其他服务业（+2.7%）、租赁和商务服务业（+1.1%）。用人需求减少较

多的行业包括：建筑业（-23.8%），农、林、牧、渔业（-16.6%），批发和零售业（-9.8%），制造业（-7.7%），住宿和餐饮业（-3.6%）。

（四）市场对具有技术等级和专业技术职称劳动者的需求均大于供给

2015 年第二季度，从需求侧看，56%的用人需求对技术等级或专业技术职称有明确要求。其中，对技术等级有要求的占 34.7%，对专业技术职称有要求的占 21.3%。从求职侧看，54.7%的求职者具有一定的技术等级或专业技术职称。其中，具有一定技术等级的占 34.3%，具有一定专业技术职称的占 20.4%。从供求对比看，各技术等级的岗位空缺与求职人数的比率均大于 1。其中技师、高级技师、高级工程师、高级工的岗位空缺与求职人数的比率较大，分别为 2.0、1.94、1.81、1.77。

与去年同期相比，对各技术等级的用人需求均有所减少，其中对初级工（-24.8%）、中级工（-11.2%）、高级工（-6%）、高级技师（-10%）的用人需求下降幅度较大。对中级（-7.5%）、高级（-7.7%）专业技术职称的用人需求有所下降，对初级（+3.3%）专业技术职称的用人需求略有增长。

第二节 大学生就业及工资决定的经济学解释

一、劳动力市场分割与大学生工资决定

（一）一级市场就业的大学生工资决定

为方便讨论，将大学生在一级市场就业的模型建立在以下假设的基础之上。首先，假设在一级市场上，大学生面对的所有工作仅工资不同，其他都相同。其次，一级劳动力市场比二级劳动力市场具有更高的收入，更强的工作稳定性，更好的工作环境和更加良好的发展前途。其中，收入是影响大学生择业的决定性因素。最后，二级劳动力市场接近于完全竞争的市场类型，即在劳动力市场存在大量的劳动供给和需求，劳动基本是同质的，劳动者在这个市场可以完全流动，此市场信息基本是充分的。

如图 7.4 所示，图中横轴为劳动供给量，纵轴为劳动的价格——工资，在一

级劳动力市场，厂商对劳动的需求是缺乏弹性的，表现为需求曲线 D_1 比较陡峭，即厂商不会因为供给的增加而降低工资去雇用更多的低素质劳动力；相反，在一级劳动力市场劳动的供给弹性是很大的，甚至大学生为了能够在一级劳动力市场就业，在一级劳动力市场的工资水平几乎呈现出无限供给的趋势，表现为供给曲线 S_1 比较平坦，在一级市场提供的工资水平的一定范围内，劳动供给可以大量增加。在市场供求条件的共同作用下，一级市场均衡在 E_1 点，形成了一级市场均衡的工资水平 W_1 和相对稳定的就业量 L_1。

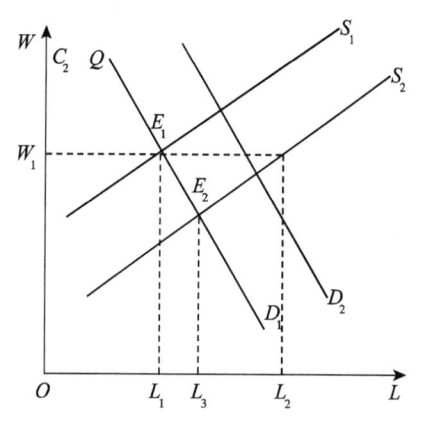

图 7.4 大学生在一级劳动力市场的工资决定

当大学扩招后，随着大学毕业生的急剧增加，一级劳动力市场的供给曲线向右平移，平移的尺度为 L_1L_2，供给在同一工资水平下大量增加，却并没有实现在一级市场的就业大幅度提高，如图 7.4 所示，当供给曲线 S_1 向右平移至 S_2 位置，由于厂商的需求缺乏弹性，最后 S_2 与 D_1 的交点，即新的均衡点 E_2 对应的大学生就业数量仅仅增加了 L_1L_3 的程度，并且在此就业机会的毕业生所要求的工资水平连同保留工资都有所下降。

在现实中，在劳动力一级市场均衡状态下，需求方——厂商已经雇用了其所期待的理想的大学生数量，但是大学生在这个市场却并没有实现充分就业，所有大学生几乎都期待可以在一级市场工作，那些没有在一级市场找到工作的大学生就形成了等待性失业，或者被称为自愿性失业。在图 7.4 中，L_2L_3 数量的大学生依然会在一级市场徘徊，形成整个劳动力市场的结构性失业。

当然如果劳动力市场需求发生变化，市场均衡点也会发生变动。随着我国经济的快速增长，必然会带动就业的提高。一般认为，GDP 每增长 1 百分点可以拉动接近一百万人的就业。但由于我国近些年来产业结构的调整，资本密集型产业、技术密集型和劳动密集型的产业的结构发生变化，21 世纪以来，我国 GDP 对就业的拉动弹性系数在逐渐下降,即一级市场提供的新增岗位不及经济的增长速度,更不及毕业生的增长速度。

如图 7.4 所示,需求曲线 D_1 平行右移至 D_2,平行右移的原因是虽然劳动需求增加,但是厂商在一级市场对大学生的需求弹性并没有发生改变。如图 7.4 所示,如果大学生没有大规模扩招,即供给曲线还是 S_1,而经济增长带来的就业需求曲线是 D_2,则市场均衡会导致大学生就业的工资水平提高,并且就业量增加(图 7.4 中 S_1 和 D_2 的交点);但现实是大学生大规模扩招,供给曲线右移至 S_2,尽管经济增长带来就业需求增加至 D_2,供求变化之后形成的新的均衡点的工资水平也没有提高,其主要原因是经济增长带来的就业需求增加幅度不及大学生扩招后就业供给的增加幅度,最后均衡的就业量亦无法满足迅速扩张的就业需求(图 7.4 中 S_2 和 D_2 的交点)。

因为大学生对就业的期待基本停留在一级劳动力市场,由一级市场的供求关系决定目前解决大学生就业难,以及初始就业工资水平提高的问题,只有依靠经济增长带动就业增加,但是,即使经济增长比较迅速,随着就业弹性的下降,必然会削弱经济增长的就业拉动效果。伴随大学生逐年累积的等待性失业的增加,在一级劳动力市场迅速消化解决供过于求的问题已经成为一项需要迫切解决的难题,根本的解决途径在于进行人才培养的结构调整,扩大职业教育的规模,培养各级劳动力市场的有用人才。

(二)二级市场就业的大学生的工资决定

因为二级劳动力市场对劳动者人力资本要求不高,不需要具有很强的人力资本专用性,对雇员的要求基本是同质的,具备普通的人力资源素质就可以在二级市场寻找工作,且工作的稳定性不高。在二级劳动力市场寻找工作的劳动者因为没有人力资本的严格要求,基本呈现无限供给状态,如图 7.5 中 S 线基本是水平的一条直线,其原因是,二级劳动力市场的劳动力供给接近于完全竞争市场状态,劳动者对市场价格只能是被动的接受者,如果在二级市场就业就要接受 W_0 的均衡工资水平,而就业量的大小取决于市场对劳动的需求(图 7.5 中需求曲线 D 的位置),即经济景气状况。

大学生在二级劳动力市场,与其他劳动者存在着一定的异质性。一般而言,大学生不接受进入二级劳动力市场的选择,但是如果在一级劳动力市场实在等待不到就业的机会,也会有少数大学生转移到二级市场,不过他们一般不会接受二级市场的均衡价格。在图 7.5 中,大学生在二级劳动力市场的供给弹性较小,其供给曲线 S_1 与需求曲线的交点形成的大学生在二级劳动力市场就业的均衡价格为

W_1，W_1 高于二级市场的其他同质性劳动者的劳动工资，但是依然低于一级劳动力市场的均衡价格（图 7.4 中的 W_1）。随着一级劳动力市场中大学生过剩的累积，会有越来越多的大学生转移至二级劳动力市场，供给曲线的弹性变大，且向右移动至 S_2，大学生在二级市场就业的均衡工资下降，但是就业量提高。

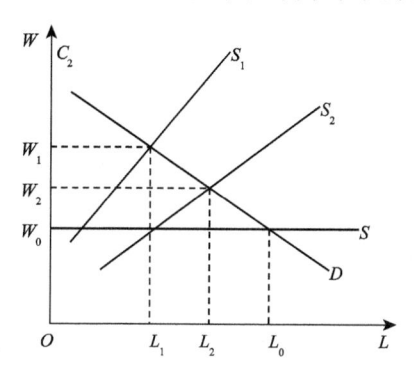

图 7.5　大学生在二级劳动力市场的工资决定

如表 7.3 所示，一级劳动力市场的国有单位其工资收入明显高于城镇集体单位，随着二级市场工资水平的提高，一级劳动力市场的工资也明显增长，但是二者之间的差距略有下降，2003 年国有单位工资相当于城镇集体单位工资水平的 1.66 倍，而 2013 年国有部门的工资相当于城镇集体单位工资的 1.35 倍。但是行业部门差距依然突出，大学生就业在一级市场的拥挤效应依然显著。

表7.3　2003~2013年城镇单位就业人员平均工资（单位：元）

年份	合计	国有单位	城镇集体单位	其他单位
2003	13 969	14 358	8 627	14 843
2004	15 920	16 445	9 723	16 519
2005	18 200	18 978	11 176	18 362
2006	20 856	21 706	12 866	21 004
2007	24 721	26 100	15 444	24 271
2008	28 898	30 287	18 103	28 552
2009	32 244	34 130	20 607	31 350
2010	36 539	38 359	24 010	35 801
2011	41 799	43 483	28 791	41 323
2012	46 769	48 357	33 784	46 360
2013	51 483	52 657	38 905	51 453

（三）双重劳动力市场下大学生就业的工资决定

根据前文分别对在一级劳动力市场和二级劳动力市场的大学生就业的工资决定的分析，大学生在两层市场均衡存在明显差异。如果将大学生纳入整个劳动力市场的框架下来考虑，即在双重劳动力市场条件下，大学生如何进行就业决策？市场均衡会体现怎样的相关性？

首先对双重劳动力市场进行一些逻辑判断。第一，在一级劳动力市场大学生的人力资本能够充分发挥作用，其工作报酬、社会地位及工作环境都可以达到大学生期望水平，所以在一级市场大学生供过于求。第二，在二级劳动力市场大学生基本能够完全胜任二级市场的工作，只要大学生和雇主能够就二级市场的工资达成一致，双方即可实现雇用关系。由于大学生的人力资本水平远远超出二级市场对劳动者人力资本水平的要求，只要工资水平在厂商可以接受的范围内，厂商就会对大学生产生无限需求，而大学生因为在一级市场久久无法实现就业，也会有一部分愿意降低身价，在二级市场实现就业。第三，大学生在双重劳动力市场上其劳动的边际产品价值是不同的，VMP=$P \times MP$，因为在一级和二级劳动力市场，其产品价格 P 和劳动边际产量 MP 都是不相同的，比较显而易见的是，大学生在一级产品市场上产出更高，效率更强，所以同一个大学生在一级市场的 VMP 要高于其在二级市场的 VMP；二级市场需要的人力资本水平低于一级市场，大学生的人力资本在二级市场使用明显少于一级市场的使用程度，其人力资本无法在二级市场得到充分的利用价值。

如图 7.6 所示，两个纵轴表示两个市场的工资水平 W 和在两个市场的劳动边际产品价值 VMP，左边纵轴表示一级劳动力市场，原点为 O_1；右边纵轴表示二级劳动力市场，原点为 O_2，O_1O_2 为劳动力市场中的大学生数量，从原点 O_1 向右表示一级市场就业的大学生数量，从原点 O_2 向左表示二级劳动力市场中就业的大学生数量。

图 7.6 中，D_1 曲线表示一级市场的劳动力需求曲线，也是一级市场大学生的 VMP 线；D_2 表示二级市场的大学生需求曲线和 VMP 线，它们都在各自的坐标系里向右下方倾斜。D_2 需求曲线之所以会有一段水平的直线，是因为在二级市场的工作多为低人力资本类型，工作职位的 VMP 值不会太高，厂商不会为大学生支付更高的工资。

按照厂商在两个市场的需求规律，大学生在劳动力市场实现充分就业的完全市场均衡应该是 D_1 线和 D_2 线的交点。在一级市场上就业的大学生数量为 O_1L_0，

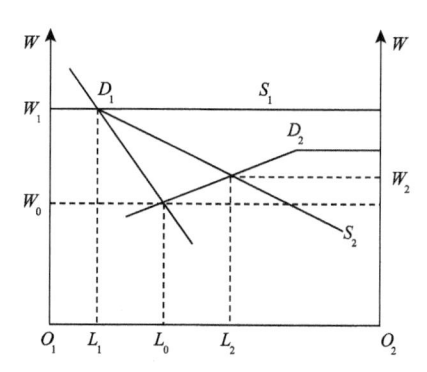

图 7.6 双重劳动力市场下大学生就业的工资决定

在二级市场上就业的大学生数量为 L_0O_2，大学生在两个市场实现了全部数量 O_1O_2 的充分就业，其市场均衡工资为 W_0。但是这是一个无法实现的均衡，因为在一级劳动力市场，大学生的供给曲线 S_1 具有无限弹性，大学生愿意在 W_1 工资水平下在一级劳动力市场无限供给，但是不会在一级市场接受 W_1 的超低工资待遇，因此真正得以实现的是一级市场就业数量 L_1 和工资水平 W_1。

由于在二级劳动力市场大学生的边际产品价值 VMP 无法实现等同于一级市场的水平，但是其又具有明显高于二级市场劳动者的人力资本素质，可以预见，在二级市场大学生会获得低于一级市场但高于二级市场均衡工资的工资报酬。图7.6 中二级市场的大学生劳动供给曲线和一级市场的需求曲线相交于 W_1，即工资 W_1 时可以实现全部大学生就业。但是由于大学生不可能实现在 W_1 的充分就业，其供给曲线就变为 S_2，具有一定的供给弹性，即不同工资下供给数量不同。最后在二级市场 S_2 与 D_2 相交形成均衡价格 W_2，不仅低于一级市场均衡价格 W_1，同时也比其在二级市场的最高 VMP 值（D_2 水平部分）低，但是明显高于大学生在两个市场充分就业的工资 W_0。

在双重劳动力市场前提下，大学生未能实现充分就业，其中 L_1L_2 就是失业的大学生数量。假如在一级市场实现 O_1L_1 的就业，而要在二级市场实现全部就业数量的条件则是工资水平达到 W_1，这充分说明了在大学生现有预期工资水平的前提下，大学生失业的必然性。而如果大学生工资预期下降，即在图 7.6 中 S_2 向左下方移动，则大学生失业数量减少，就业增加，但是二级市场均衡工资下降。

存在两级劳动力市场就是市场机制不完善的一种表现，而不完善的市场就会存在摩擦性失业，这是一种劳动力流动过程导致的失业，如寻求工作的人在找到工作之前的时间造成的失业，以及工作转换中间隔的短暂时间造成的失业等。大学生初次就业率的统计时间有的为 6 月，有的为 9 月，这两个时间点上的就业率之差就是摩擦性失业。

摩擦性失业下随着失业时间的延长，劳动者的保留工资会逐渐降低，这种降低了的保留工资有助于促进在二级市场上大学生的就业。

如图 7.7 所示，横轴为大学生失业时间，纵轴为名义工资水平，MW 为大学生的保留工资，大学生初始保留工资都很高，因为大学生刚刚毕业对自己工作和工资的期待是超出实际的 VMP 值。MW 随着失业时间的延长逐渐下降，因为随着失业时间的延长，大学生会修正自己的市场预期，逐步降低自己对工资的要求，因为害怕持续失业带来更多的收入损失；PW 表示失业之后大学生理想的期待工资，因为随着失业时间的延长，理论上说，大学生寻找到好工作的机会越大，期待工资就越高；另外，为了给予失业损失一种补偿，失业时间越长，期待工资也会越高。

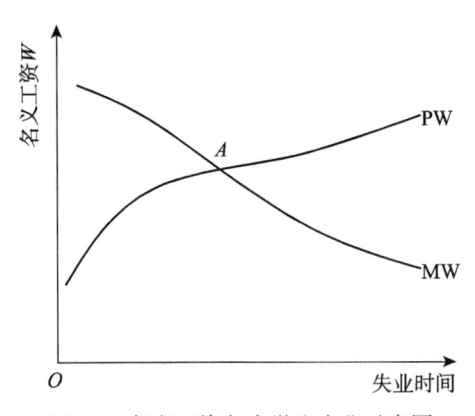

图 7.7　保留工资与大学生失业示意图

大学生在毕业后经过一段时间的工作搜寻和预期的调整，会在 A 点实现均衡，即真正可以实现的工资与期待得到的理想工资会在失业一段时间后均衡为 W，这个工资在市场中是低于大学生毕业时的工资预期的。

虽然每个大学生的偏好存在差异，每个人的预期工资和保留工资也各有不同，尤其是每个人随着失业时间的延长，心理成本变化弹性不同，最后实现均衡工资各有不同，每个人能够等待的失业时间也各有差异，但是，在过剩的大学生就业市场，由于存在保留工资随失业时间的调整，因此在一定程度上缓解大学生结构性失业的矛盾，将一部分结构性失业转化为摩擦性失业，缓解大学生市场的供求矛盾。

如表 7.4 所示，2002~2013 年，城镇失业人员中各受教育比例和结构发生趋势性变化，首先，大学专科和大学本科的失业人员比例持续递增，二者失业之和占比已超过五分之一，成为失业中比较重要的受教育程度构成，这与其较高的人力资本不相协调。大学生失业比例的上升，并非意味着我国劳动力市场中人力资本的过剩，而是市场分割造成的大学生在一级劳动力市场就业的机会下降导致了结构性的失业。其次，在各受教育层次中，失业比例最高的构成依然是初中和高中程度的劳动者，主要是因为这部分构成的劳动者人数最多，故其失业人数也最多；另外，中学教育程度的人力资本水平也已经很难适应现代工业化和现代化的工作要求，因此，虽然本章的研究认为大学生群体在劳动力市场分割的条件下会呈现出显著的失业风险，但中学教育难以满足劳动力市场的需求，接受大学教育已成为进入劳动力市场的一个普遍的要求。

表7.4 城镇失业人员受教育程度构成（单位：%）

教育程度	未上过学	小学	初中	高中	大学专科	大学本科	研究生
2002年	0.4	7.1	50	36.4	5	1.1	
2003年	0.7	7.8	50.3	35.2	5	0.9	
2004年	0.5	7.4	49.4	36.1	5.6	1	
2005年	0.4	7	49.3	34.9	6.8	1.6	0.1
2006年	0.9	8.4	48.4	32.2	7.6	2.3	0.1
2007年	0.8	7.7	45.3	33.7	9.5	3	0.1
2008年	0.4	5.9	44.2	34.4	10.9	3.9	0.2
2009年	0.4	6.3	43.1	33.3	12.2	4.4	0.2
2010年	0.7	6.8	41.4	32.3	12.8	5.7	0.3
2011年	0.4	6.3	39.7	32.5	14.9	5.9	0.2
2012年	0.6	6.8	41.3	30.6	13.7	6.7	0.4
2013年	0.5	6.3	38	31.1	15.6	8.2	0.4

资料来源：《中国劳动统计年鉴》（2003~2014年）

正是鉴于劳动力市场总体对人力资本需求的变化，我国高等教育学校呈现显著的扩招情况（表7.5），10年间高等教育招生人数增长近3倍，已经充分体现了目前我国高等教育大众化的特征。

表7.5 2003~2013年全国高等教育学校扩招情况（单位：人）

年份	毕（结）业生数	招生数	在校生数	预计毕业生数
2003	3 470 850	3 821 701	16 677 215	4 446 305
2004	4 287 304	6 685 002	17 532 925	4 886 622
2005	4 735 845	6 974 831	19 978 472	4 725 347
2006	4 589 871	7 304 961	22 637 206	6 375 904

续表

年份	毕（结）业生数	招生数	在校生数	预计毕业生数
2007	6 242 307	7 570 326	24 090 504	6 957 173
2008	6 810 442	8 102 164	25 693 198	7 187 098
2009	7 254 916	8 409 708	26 860 083	7 775 024
2010	7 727 118	8 701 810	27 678 317	8 117 879
2011	7 988 205	9 000 150	28 560 040	8 381 858
2012	8 201 695	9 327 887	29 744 278	8 638 178
2013	8 384 939	9 563 264	30 944 871	9 099 668

资料来源：根据国研网《中国教育统计年鉴》（2004~2014年）数据整理而得。

教育部发布2014年全国各类高等教育在学总规模达到3 559万人，高等教育毛入学率达到37.5%。全国共有普通高等学校和成人高等学校2 824所，比上年增加36所。其中，普通高等学校为2 529所（含独立学院283所），比上年增加38所；成人高等学校为295所，比上年减少2所。普通高校中本科院校为1 202所，比上年增加32所；高职（专科）院校为1 327所，比上年增加6所。全国共有研究生培养机构788个，其中普通高校为571个，科研机构为217个。

2014年研究生招生为62.13万人，比2013年增加0.99万人，增长1.63%，其中，博士生招生为7.26万人，硕士生招生为54.87万人。在学研究生为184.77万人，比2013年增加5.37万人，增长3.00%，其中，在学博士生为31.27万人，在学硕士生为153.50万人。毕业研究生为53.59万人，比2013年增加2.22万人，增长4.33%，其中，毕业博士生为5.37万人，毕业硕士生为48.22万人。

2014年普通高等教育本专科共招生721.40万人，比2013年增加21.57万人，增长3.08%；在校生为2 547.70万人，比2013年增加79.63万人，增长3.23%；毕业生为659.37万人，比2013年增加20.65万人，增长3.23%。

2014年成人高等教育本专科共招生265.60万人，比2013年增加9.11万人；在校生653.12万人，比2013年增加26.71万人；毕业生221.23万人，比2013年增加21.46万人。

2014年全国高等教育自学考试学历教育报考为703.37万人次，取得毕业证书的有77.38万人。

2014年普通高等学校本科、高职（专科）全日制在校生平均规模为9 995人，其中，本科学校为14 342人，高职（专科）学校为6 057人。

我国高校规模不断扩大，高校不断扩招，毕业生的急速增加，直接导致了大学生就业竞争的激烈。每年有超过600万名的大学毕业生与往届未就业毕业生，农村富余劳动力和每年再失业人群，因此我国劳动力市场的供给量增加，导致就业难现象不断加剧，以及大学生就业工资水平的持续走低。

二、信息不对称与大学生的工资决定

信息对称是指交易双方可以获得或者拥有同样的信息，即在信息资源方面交易双方是均等的。信息不对称是指交易双方并不拥有相同信息的获得机会，或者一方拥有信息而另一方无法拥有，即在信息的获取上，交易双方是不对等的。

因为在劳动力市场上供求双方的信息是不对称的，教育水平或者说人力资本水平就成为劳动力市场中的筛选信号。文凭筛选理论认为，教育提供了一种社会对劳动者能力进行分类的市场信号。一方面，教育水平代表较高的劳动生产率，教育是个人水平和能力的信号；另一方面，教育的信号机制使得高等教育成为进入高层次职业的通行证。文凭筛选理论在理论上支持了高等教育投资的价值，接受高等教育不仅可以提高个人素质，而且是劳动力市场中进入一级市场的"敲门砖"，从信息经济学角度验证了教育人力资本投资的必要性和必然性。

但是文凭信号只是在劳动供给中相对无差别的一种信号传递，无法充分区分接受相同高等教育的个体间差异。每个大学生对自身的能力和特点是充分了解的，但是招聘人才的企业却无法完整分辨其个体差异，不过企业通过对劳动力市场的宏观了解，对大学生能力素质的统计分布是掌握的，即对大学生的能力概率有充分的估计。

从某种意义上说，招聘者可能永远无法彻底了解一个大学生求职者的实际能力和素质。首先，在招聘时由于信息不对称无法充分了解求职者；其次，在就职之后甚至也无法确定一个雇员的能力和水平，只能通过雇员的某些个人特征映射其生产能力和管理水平，如年龄、经验、教育程度、政治面貌等，在这其中，教育程度是最容易观察也是最为根本的指标。

著名经济学家阿克洛夫的二手车理论，揭示了在信息不对称的二手车市场，往往是质量较差的劣等二手车先成交，存在着所谓"劣车驱逐良车"的现象，导致二手车成交价格偏低，并且其市场发育困难。

类似的，可以来分析一下大学生就业市场的信息不对称问题。在大学生就业市场上，大学毕业生供给充足，他们的共同之处是都是大学毕业，接受过良好的高等教育，但是每个大学生的能力和素质各不相同。

劳动力市场中存在着大量的"雇主"和大学生求职者，他们都是理性经济人，能够根据自我拥有的信息做出理性判断。每个大学生对自身的信息是充分的，了解自己在大学生群体中的位置,即属于"较好的"大学生还是属于"较差的"大学生;但是诸多雇主只了解市场整体状况,对大学生个体是信息不充分的,无法依靠大学文凭判断每个大学生差异化的能力素质。为分析方便,假设市场中求职的大学毕业生有100人,其中"较好的"大学生和"较差的"大学生各占50%,即各50人;市场中雇主对大学毕业生的需求是90人,即在一级市场存在大学毕业生供过于求的情况。如果市场是信息充分的,那么雇主会根据自己对大学生能力素质的需求雇用到恰当的求职者,在供需匹配的前提下,形成10个供给过剩,这10个未能成功在一级劳动力市场就业的大学生应该是个人条件与职位需求最不匹配的人。

但是在信息不对称的前提下,每个雇主都只愿意根据自己对市场的估计和判断支付一定的期望价格,他们在概率分布前提下是否会招聘到最为恰当的求职者呢?假设"较好的"大学生基于对自己能力水平的认知,期望工资收入为5 000元/月,最低可以接受的工资为4 800元/月,即只要是高于4 800元/月的工资,那些"较好的"大学生求职者就可以接受;而那些对自身能力有准确判断的"较差的"求职者,期望工资收入为4 000元/月,保留工资水平为3 800元/月,即只要高于3 800元/月的工资就可以成功招聘到能力素质相对"较差的"大学生。

雇主在大学生就业市场中,愿意支付5 000元/月的工资雇用那些"较好的"大学生,对于那些能力素质"较差的"大学生,他们可以支付4 000元/月的工资。比较大学生自我期望工资水平,如果信息是充分的,那么雇主完全可以按照愿意支付的价格雇用到理想的大学生雇员。但是因为劳动力市场的信息不对称,雇主只能依据自我认知的各占50%概率的情况来确定支付价格,5 000×50%+4 000×50%=4 500,可见,雇主愿意支付4 500元/月在市场中以50%的概率雇用到"较好的"大学生,但是根据大学生的保留工资水平,4 500元小于4 800元,即雇主愿意在市场中支付的期望工资无法达到"较好的"大学生的预期,在这个价格下,"较好的"大学生不愿意成交,导致4 500元/月的工资只能以100%的概率雇用到"较差的"大学生。类似于"柠檬车市场"的"劣车驱逐良车",大学生就业市场信息不对称,必然会导致在这个供过于求的劳动力市场,"较差的"大学生会首先找到工作,而"较好的"大学生因为自我保留价格高于"较差的"大学生,无法与雇主的期望工资产生均衡点,而首先被退出了一级劳动力市场,产生了劳动力市场"劣生驱逐良生"的结果。

如果雇主经过一段时间的观察和总结发现,其花费4 500元/月工资雇用的大学生都是在就业市场中要价4 000元/月的"较差的"大学生,雇主就会在接下来的招聘中直接支付4 000元/月的工资,也可以同样雇用到相似水平素质的大学生雇员。于是,大学生就业市场的成交价格就基本调整为4 000元/月。长此以往,

"较好的"大学生们是不能忍受自己无法在一级劳动力市场找到工作的现实的，经过竞争比较和总结，那些最初被迫退出一级劳动力市场的"较好的"大学生宁可调整自己的保留工资，也会坚持在一级市场与"较差的"大学生竞争工作岗位，于是，大学生在一级劳动力市场的求职均衡价格就稳定在 4 000 元/月，雇主在此价格下雇用到的是"较好的"，还是"较差的"大学生完全是随机的。

这种不对称信息下的雇用双方的博弈过程造成了大学生就业市场的初始就业工资水平的逐年下降，也导致了大学生人力资本的低回报。这种分析能够解释大学生劳动力市场的一些特殊表现，大学生一边抱怨在一级市场初始就业的工资水平太低，一边不接受二级市场的工作条件和发展机会，宁可在一级市场被当做"较差的"大学生而接受较低的工资，甚至在一级市场形成自愿失业。于是在整个劳动力市场一方面是"等待性失业"的大学生，另一方面是招不到高素质劳动力的企业，劳动力市场分割和信息不对称共同作用导致了劳动力市场结构性失衡。

第三节 大学生就业难的社会影响分析

一、信号机制失灵与考证泛滥

2015 年 7 月 15 日国务院常务会议决定，继 2014 年已经取消 149 项职业资格认证的基础上，再取消网络广告经纪人、注册电子贸易师、全国外贸业务员、港口装卸工等 62 项职业资格，截至 2015 年 7 月底，共分 4 批取消了 211 项职业资格。网络评论说，如果不是看到这么多的职业资格证被取消，也许我们很难想象，当个港口搬运工，也需要取得专门的职业资格证。近些年来，很多人为了考证，不但浪费金钱，而且拿到手里的诸多证书含金量并不高，还浪费了人力、物力和时间，这些现象证明了我国劳动力市场信号机制失灵导致了考证泛滥。

根据对大学生就业市场信息不对称的分析，大学生的毕业文凭在当今高等教育走向大众化的进程中，已经不能充分发挥其在人才招聘中的信号传递功能。同样都是大学毕业，大学文凭仅仅可以证明几百万的学子都拥有相似的知识水平和能力，却无法对他们的个性特点、优长偏好进行有效区分，导致大学文凭的信号失灵。

大学文凭信号失灵，必然导致用人单位在人才招聘中的逆向选择行为，形成劳动力市场中的"劣币驱逐良币"现象。大学生为了减小在劳动力市场上被驱逐的风险，必然要解决其信息与用人单位的不对称问题，要使大学生的自我评价知识变成公共知识，仅仅依靠大学生的自我认识是不可信的，于是，相应伴随而生的各种职业资格考试和等级考试制度就在一定程度上弥补了大学文凭的信号缺陷。

例如，在大学期间，大学生普遍要考关于英语水平的证书（大学英语四级、大学英语六级、商务英语、出国英语等）、计算机水平的证书（计算机一级、二级、三级，各种计算机语言，软件设计类等）、专业能力证书（注册会计师、律师资格证、教师资格证等），以及各种职业资格证书（人力资源资格证、证券从业资格证、会计从业资格证、评估师资格证、拍卖师资格证等）。这些证书和毕业文凭一起被写进个人的求职简历中，就会使自己的简历"漂亮"许多，给自己在激烈的求职竞争中争得更多的筹码，让用人单位相信自己的能力在诸多大学毕业生中比较突出。

这种突然出现的似乎可以弥补大学文凭的信号功能的"考证"浪潮一出现就呈现汹涌泛滥的态势。各大校园里不仅贴满了各种考证辅导的海报，而且大学生们也有把考证当做"第二学业"，甚至有当做"第一学业"的趋势，因为拿到大学毕业证是大部分学生轻而易举的必然预期，而考证的多少，却需要自己的选择和付出，既然大学文凭稳操胜券，那么证明个人能力和获得从业资格的"考证"对于那些找工作目的指向大学生就更为重要，他们在一定程度上忽略了大学的基本课程学习和能力素质的培养，将大部分精力放到考证的奔波中。当大学变成了诸多资格证的考证基地的时候，高等教育质量很难不受到损失，大学生迫于就业的压力，在大学的学习中轻重不分，甚至本末倒置，浪费了得之不易的大学高等教育资源，也浪费了宝贵的青春时光。

从宏观角度分析，考证泛滥带来的是国家教育投资的投入产出效率下降，社会教育和培训变得繁荣而混乱，教育越来越变为大学生的"从业门槛"，而不是培养大学生的从业能力和发展潜力，这样的教育在短期是效率问题，在长期是人力资本水平的走向偏颇和水平整体下降的问题。

二、过度教育导致人力资源浪费

第二次世界大战之后西方发达国家急需大批受过高等教育的人才来恢复本国的经济，于是纷纷加大了对高等教育的投资，但是随着高等教育突飞猛进的发展，很多大学生毕业之后找不到工作，有的大学生仅仅需要其在接受大学教育之前的人力资本技能就能完成工作，这种现象就是过度教育（over education），过度教育已经成为国内外大学生失业的主要原因。

理查德·弗里曼（Freeman，1976）在《过度教育的美国人》著作中认为，过度教育是指个人和社会所拥有的教育超过其对教育的需要，是教育与职业之间的失衡。从宏观角度来说，过度教育是指国家进行人力资本投资所培养的专门人才在总量和结构上超过了国民经济和社会发展的需要；从微观视角来看，个人通过人力资本投资获得的教育超过其职业要求。

莱文（Levin）认为可以通过以下表现判断过度教育：第一，接受同等教育水平的人，经济地位逐渐下降；第二，进行人力资本投资的人在职业中没有达到既定的目标；第三，接受高等教育的人拥有的工作能力和技能超过其从事的职业要求。

过度教育直接导致接受高等教育的劳动力供给过度增加，超过了市场对高质量人力资本水平劳动者的需求，必然会影响这些人力资本投资的效率实现，更多的高学历人群在劳动力市场中从事仅需低学历就可胜任的工作，甚至失业，使得越来越多的人力资本投资无法实现价值，降低了社会人力资本的产出效率，也进一步削弱人们进行人力资本投资的积极性。长期会影响社会对知识和教育的正确评价，阻碍社会进步。

过度教育引起大学毕业生供给增加，不仅造成了就业大学生的收入水平下降，而且会导致大学生失业。如果依据美国经济学家莱文对过度教育的描述，比较中国高等教育发展规模与大学生就业率水平，可以认为中国已经出现了过度教育，即教育投资与经济发展不平衡，大学生就业职位和就业收入不断下降，甚至出现大量失业或者隐性失业状态，形成了对宝贵的人力资本投资的巨大浪费，扭曲了劳动力要素的配置。

在中国计划经济时期，人才由国家统一培养和分配，没有失业的风险，但是人力资本投资的市场效率也无法充分体现。随着经济体制改革的深入，教育体制改革的推进，大学生统招统分制度被打破，高等教育投资已经成为国家和个人共同投资共同承担风险的市场化投资行为。大学生过度教育及失业问题的出现，体现了市场投资的风险性和收益性共存，这种风险是长期中国人力资本投资机制风险的集中释放。大学生失业不仅造成了就业市场的危机，而且也给社会人力资本投资带来观念上的冲击。人力资本投资不再是万无一失的投资项目，甚至因为投资客体的专有性和不可分割性，其投资风险在某种意义上高于物质投资风险。例如，大学生所学专业如果不是劳动力市场的需求，其人力资本投资就无法实现市场价值，即使找到工作，也只能是对大学人力资本投资的浪费，收入和发展前景无法达到预期目标。高等教育人力资本投资风险提醒劳动力理性进行人力资本投资，并且正确评价教育和职业的关系，以市场为导向进行适当的人力资本投资。

三、大学生的就业流动与社会分层

在劳动力市场分割的情况下,大学生就业流动性差,容易形成社会分层。造成大学生劳动力市场分割的因素都会在一定程度上影响大学生的就业及其流动,如城乡、区域、行业和性别等,而这些因素都是非教育因素,在理论上教育是主要承担社会分层的功能,非教育因素过多承担社会分层的功能会造成社会公平的缺失,影响劳动力市场效率。

高等教育主要是通过培养各种具有一定差异化的专业技能、理论水平和学科知识的大学生,并将大学毕业生配置于社会经济建设所需要的各种不同类型和不同层次的工作中,实现其人力资本投资的价值,并完成在劳动力市场中的教育职能。理想状况是高等教育按照社会需求培养差异化的大学生人才,大学生毕业后按照自身所长找到最合适的工作,人力资本匹配程度较高,每个人都有"最适宜"的工作,而不是所有人都向往同一个"最好的"工作。

但是在劳动力市场分割及大学逐年扩招的前提下,大学生就业流动和社会分层越来越受到城乡、行业和区域差异的影响。

(一)城乡分割下的大学生就业与社会分层

由于城乡间劳动力市场存在分割,城市劳动力市场工资报酬、福利条件和发展机会都会远远好于农村。各级各类城市的就业待遇也梯次不同,直辖市、发达地区省会城市、普通省会城市、地级市、区县等依次递减。在此前提下,大学生就业选择存在两个比较突出的特征:其一,所有大学生有着共同的就业偏好,即基本都会将直辖市和沿海发达城市作为首选;其二,在不同类型和层次的高等院校之间,大学生就业选择略有差异。一方面,层次越高的高校,如"985"及"211"院校,其毕业生将直辖市和沿海发达城市作为就业目标城市的比例越高;另一方面,生源地为小城镇的大学毕业生,由于受到大城市户籍制度、社会保障制度和其他地方保护主义的限制,会有相对较高的比例回到生源地就业,或者会在大城市"等待"就业机会;而生源地为大中城市的毕业生基本会很容易就留在原籍城市就业,这些情况说明高校毕业生的就业和流动情况是受到劳动力市场分割的明显导向的,虽然大学生就业倾向于就业选择与教育因素有一定的相关性,但是城乡间的歧视性体制隔离,是导致同等学历、不同生源地毕业生出现就业分流与阶层分流的关键所在。

（二）区域发展非均衡与大学生就业流动

区域经济发展的非均衡直接影响了大学生在不同地区就业的工资收入水平。如表7.6所示，我国东部、中部、西部及东北地区城镇居民人均可支配收入差距较大，且2006~2013年各地区居民可支配收入的绝对差值显著增加。人均可支配收入差距分化，那么具有高水平人力资本投资的劳动者在各区域之间的收入差距必然会高于这个平均差距，如此大的收入差距，对大学生就业的区域选择意向影响较大，中部、西部为东部地区培养人才和输送人才的局面不可避免，各地区的大学生就业的东部地区选择比较集中。

表7.6 东部、中部、西部及东北地区城镇居民人均可支配收入（单位：元）

年份	东部地区	中部地区	西部地区	东北地区
2006	14 967.4	9 902.3	9 728.5	9 830.1
2007	16 974.2	11 634.4	11 309.5	11 463.3
2008	19 203.5	13 225.9	12 971.2	13 119.7
2009	20 953.2	14 367.1	14 213.5	14 324.3
2010	23 272.8	15 962.0	15 806.5	15 941.0
2011	26 406.0	18 323.2	18 159.4	18 301.3
2012	29 621.6	20 697.2	20 600.2	20 759.3
2013	32 472.0	22 736.1	22 710.1	22 874.6

但是过于集中的区域和城市选择，使一线城市大学生就业压力增大，智联招聘数据调研数据显示（表7.7），毕业生对一线城市的"围剿"，被近几年不断升温的二线明星城市所打破，毕业生选择一线城市就业的趋势有所下降，"逃离北上广"的流行口号正逐渐成为现实。随着三星、阿里巴巴等企业知名度提升，加上近几年"人才回流"的热潮，毕业生转而关注如杭州、西安、天津、苏州等二线明星城市。与此同时，"逃回"北上广的现象依旧存在，即北上广本地求职者逃离到二线明星城市，而外地求职者依旧向往一线城市。"围城"效应造成北上广与二线明星城市双双"就业难"。反观其他二线、三线城市，就业缺口仍然存在。随着近几年无锡、合肥、重庆、青岛等二线城市大力发展高新技术产业、众多大型企业入驻，对人才需求量暴增，具有平台高、晋升机会大、生活成本低等优势，就业前景良好。

表7.7　2014年不同城市应届生岗位竞争指数

排名	城市	竞争指数	排名	城市	竞争指数
1	苏州	90	15	长春	54
2	广州	84	16	成都	54
3	深圳	82	17	重庆	52
4	西安	73	18	沈阳	51
5	南京	70	19	哈尔滨	48
6	北京	66	20	太原	47
7	武汉	66	21	郑州	45
8	上海	62	22	厦门	39
9	长沙	59	23	无锡	38
10	天津	59	24	济南	36
11	杭州	56	25	青岛	30
12	大连	55	26	福州	30
13	石家庄	55	27	宁波	23
14	合肥	54	28	昆明	22

资料来源：智联招聘调研报告整理计算；竞争指数=投递数/职位数

根据对区域收入差距和城市就业竞争力的分析，我国大学生"孔雀东南飞"的现象一直存在，且比较突出。大学生一致性地倾向于在沿海地区发达省份就业，导致中部、西部大学生在毕业时"净流出"，而发达地区大学毕业生在就业时"净流入"。很多中部、西部省份高等教育并不落后，甚至在一定程度上可以称为"教育高地"，但是却无法形成"人才高地"和"经济高地"。人才流动在区域上体现为比较严重的"单向性"，造成我国人力资本分布的不均衡，对区域经济的发展也是不公平的。

由于大学生在就业的区域选择上是非常集中的，高比例的大学生就业流向了发达省区的发达城市，但是由于欠发达地区的生源其就业选择与生源地和户籍直接相关，劳动力市场的区域分割也加剧了欠发达地区的大学生的流动难度。如果大学生一旦选择在欠发达地区就业，他们再次转换工作到发达地区时，由于制度和体制因素（非人力资本因素）的作用，转换成本颇高，甚至就业的地区转换成为不可能。

我国区域间的经济落差较大，不同地区间的就业流动类似于劳动力的纵向垂直流动。如果大学生选择在欠发达地区就业，等待机会转移至发达地区，这种垂直向上的劳动流动成本极高，加上分割的区域劳动力市场使地方保护主义盛行，大学生就业流动更加艰难，最后形成了区域间大学生的社会分层。

大学生的区域间社会分层不利于我国高等教育人力资本的充分发挥效率，也不利于我国经济发展的区域平衡。

（三）行业差距与大学生的就业流动

除了区域差距和城乡差距，行业差距也已经成为我国劳动力市场分割的一个重要因素。

虽然垄断性行业和竞争性行业都会提供相似的工作岗位，但是在现有制度前提下，垄断行业相对于竞争行业却有更高的年薪、更稳定的工作和更良好的工作环境。

2014年《中国统计年鉴》的数据显示（表7.8），我国金融业、电力、垄断行业普通职工的年平均工资介于73 339~108 273元，而竞争行业普通职工的年平均工资介于28 356~51 369元，垄断行业职工的年平均工资明显高于竞争性行业，即两个劳动力市场之间存在明显的落差与分割。

表7.8 各行业城镇单位就业人员平均工资（单位：元）

指标	2009年	2010年	2011年	2012年	2013年	2014年
城镇单位就业人员平均工资	32 244	36 539	41 799	46 769	51 483	56 339
农、林、牧、渔业	14 356	16 717	19 469	22 687	25 820	28 356
住宿和餐饮业	20 860	23 382	27 486	31 267	34 044	37 264
水利、环境和公共设施管理业	23 159	25 544	28 868	32 343	36 123	39 198
居民服务和其他服务业	25 172	28 206	33 169	35 135	38 429	41 882
建筑业	24 161	27 529	32 103	36 483	42 072	45 804
制造业	26 810	30 916	36 665	41 650	46 431	51 369
公共管理和社会组织	35 326	38 242	42 062	46 074	49 259	53 110
房地产业	32 242	35 870	42 837	46 764	51 048	55 554
批发和零售业	29 139	33 635	40 654	46 340	50 308	55 820
教育	34 543	38 968	43 194	47 734	51 950	565 80
采矿业	38 038	44 196	52 230	56 946	60 138	61 677
卫生、社会保障和社会福利业	35 662	40 232	46 206	52 564	57 979	63 267
交通运输、仓储和邮政业	35 315	40 466	47 078	53 391	57 993	63 416
文化、体育和娱乐业	37 755	41 428	47 878	53 558	59 336	64 150
租赁和商务服务业	35 494	39 566	46 976	53 162	62 538	66 475
电力、燃气及水的生产和供应业	41 869	47 309	52 723	58 202	67 085	73 339
科学研究、技术服务和地质勘查业	50 143	56 376	64 252	69 254	76 602	82 220
信息传输、计算机服务和软件业	58 154	64 436	70 918	80 510	90 915	100 797
金融业	60 398	70 146	81 109	89 743	99 653	108 273

大学毕业生的第一选择会比较普遍倾向于在大型国企、垄断企业寻找工作机

会，因为工资收入和各项待遇水平较高。但是当这些"一级劳动力市场"壁垒坚固，或者其人力资源出现饱和局面时，一部分有条件的大学生依然会执着于该类市场，要么在该市场寻找相对低一些人力资本要求的岗位，即使降低人力资本的职业要求，也不会降低劳动力市场标准，要么就在该市场中"等待"，形成一级劳动力市场中的大学生"自愿性失业"。另一些家庭条件和社会资源不允许的大学毕业生，在垄断行业等一级劳动力市场求职无望后，就会转战"二级劳动力市场"的竞争性岗位，但是在这个市场中，大学生会因为"文凭无用"而无法获得人力资本投资回报，起薪偏低、待遇较差。因此，劳动力市场的行业分割是大学生就业和流动中"自愿性失业"、"低估人力资本投资"、流动减弱和形成社会分层的又一重要原因。

高校毕业生向城乡、区域和行业的分流可产生最初的社会分层。在当前劳动力市场架构以及市场机制作用下，虽然理论上高校毕业生可以自由选择在不同的地区和行业就业流动，但受制于制度因素，教育因素和市场机制仅能够为高校毕业生流入高阶（或主要）劳动力市场提供基本条件和可能。实际上，最终决定并影响大学毕业生市场定位、就业流动以及社会分层的关键性因素是城乡、区域和行业方面的制度性差异；大学毕业生"待业"与"低价"主要归因于市场流动性差、运营成本高。

因此，教育对高校毕业生的社会阶层流动（或就业流动）具有有一定影响。类型层次不同的毕业生在城乡流动、区域流动以及省际流动方面呈现出不同的特点，这表明教育因素在大学毕业生的社会阶层流动（或就业流动）仍然发挥了一定的作用，但这并不相悖于劳动力市场分割的基本观点。

而影响高校毕业生社会阶层流动(或就业流动)的关键或决定性因素是非教育因素。城乡、区域和行业的二元分割，不仅对全国统一劳动力市场的形成产生影响，也对高校毕业生在各个劳动力市场之间自由、合理流动形成了阻碍。当主要（或高阶）劳动力市场趋于饱和，理论上，待就业毕业生应向次（或低阶）要劳动力市场转移。但各劳动力市场间的垂直落差非常大，导致从主要劳动力市场向下流动"易"，从次要劳动力市场向上流动"难"，因此，部分大学毕业生因不愿流向次要劳动力市场就业，从而选择在主要劳动力市场待业。而流向次要劳动力市场就业的高校毕业生，会出现起薪偏低和人才高消费等状况。

四、大学生就业难影响社会公平

教育是实现人类平等的伟大工具。我国的高考制度打破了劳动力难以纵向流动的制度性魔咒，承担了普通劳动者受益最为广泛的一种向上流动的主渠道的功能。但是在高等教育产业化和大众化之后，大学生就业难问题又使得很多普通家庭承担了这次教育改革的社会和经济成本。

就业岗位虽然在经济增长的大前提下不断增加，但是相对而言，大学生供给突飞猛进的增加，使大学生就业市场严重的供过于求，且每年都会积压一些就业压力传递给下一年，这种累加的大学生就业市场压力，使大学生找工作越来越是一个非市场化的事情，许多工作机会被制度性障碍或者是社会关系因素垄断，无法使高人力资本回报的工作机会都进入"市场"。劳动力市场分割造成了就业岗位分配的"权力寻租"，那些社会关系缺乏的普通大学毕业生没有机会找到最适合自己的工作，这种在就业机会上的不公平，是社会不公平中的起点不公，会引发劳动者获得工作之后的工作过程不公及待遇上的结果不公。

劳动者在进入劳动力市场之前的经济和社会地位禀赋存在天然的差异，但是教育可以成为禀赋差的弱者改变自身地位的有效办法，教育作为社会发展的"助推器"，社会公平的"稳定器"，能够最大限度地促进社会发展，促进社会公平和进步。

对于社会最底层的贫困群体，教育是反贫困的主要武器，教育不仅给生活贫困的劳动者带来希望，也真正承担着社会反贫困的任务。大学生失业以及大学生就业市场的多重分割，不仅浪费了大量的大学生人力资本，同时社会流动性下降，贫困阶层改变自己经济和社会地位变得更加艰难，分割使底层劳动者失去公平的机会而被锁定在劣势的社会阶层。

大学生因为受过高等教育而对未来的期望提高，理论认为，受过的教育水平越高，劳动者对未来就业岗位、收入待遇和社会地位的期望值也越高。如果期望无法实现或者现实与期待差距过大，就会对这类高人力资本的劳动者产生较大的心理冲击，而失业者或者怀有失望情绪的人曾经受到的教育水平越高，他们对社会的负面情绪越激烈。

公平与公正是衡量人类社会进步的标准，在开放的社会中，每个人都应该获得向"上层社会"流动的权利和机会，这种流动性是社会发展与公平的保障。解决大学生就业难问题，不仅仅是特殊群体的生存和发展问题，也是经济增长和社会发展中的一个关键问题。

第八章 劳动力市场分割与农民工就业

第一节 农民工劳动力市场的基本情况及其存在问题

农民工是户籍在农村,但是在当地或异地从事非农产业工作取得报酬的农民,是在我国特殊时期出现的特殊群体。随着农业生产率的提高,一部分农业劳动力过剩,导致较多的农民处于半失业状态,如果他们从农业中转移出去,并不会影响农业产出水平。农民工的出现是我国农业生产率提高和城市化进程中的一个表象,是人口城市化进程中的一个阶段。但是由于农民工身份的特殊性,其户籍和身份是农民,但是却从事非农产业工作,在其工作机会、工作收益及社会认同等方面存在不可避免的特殊问题。

一、农民工数量规模分布

图 8.1 显示了 2008~2014 年农民工数量规模变动情况。从总量上来看,农民工人数从 2008 年的 22 542 万人逐年递增,到 2014 年已达到 27 395 万人,约为 2008 年人数的 1.22 倍。从农民工类型来看,2008~2014 年外出农民工占比比本地农民工占比更大,基本维持在农民工总体规模的 60%以上。2014 年本地农民工人数为 10 574 万人,占农民工总数量的 38.6%,外出农民工人数为 16 821 万人,占农民工总数量的 61.4%,可以看出更大一部分农民工选择外出寻找就业机会。而

在外出农民工内部,有近80%的人为住户中外出农民工,而且数量逐年递增(2008年人数为11 182万人,到2014年增加到13 243万人),一方面体现出农民工"离土不离乡"的故土情结,另一方面也说明了近年农村留守儿童和空巢老人数量激增的原因。从农民工规模增速来看,从2010年开始增速不断下降,从2010年的5%以上的增加速度,逐步降低到2014年的不到2%的增速,并且外出农民工规模增速要小于本地农民工规模增速,这体现出农村剩余劳动力外出意愿不足,可能是近年农村投资环境转好给其提供了更多务农的机会,并且城市经济增速放缓,为农民工提供的就业机会有限也是农民工规模增速下降的原因;另外,农村闲置剩余劳动力中有能力和意愿的劳动者数量在一定时间内未有增加也是增速下降的原因之一。然而,在城市化进程中,这种农民工增速下降的现象并非有益,它体现出农村环境的推力不足,以及城市环境的拉力不够。因此,应加强对农村剩余劳动力技能培训,提高其非农就业能力和意愿,完善加强对农民工群体的社会保障,为其创造并提供更多的就业岗位,增加城市的吸引力。

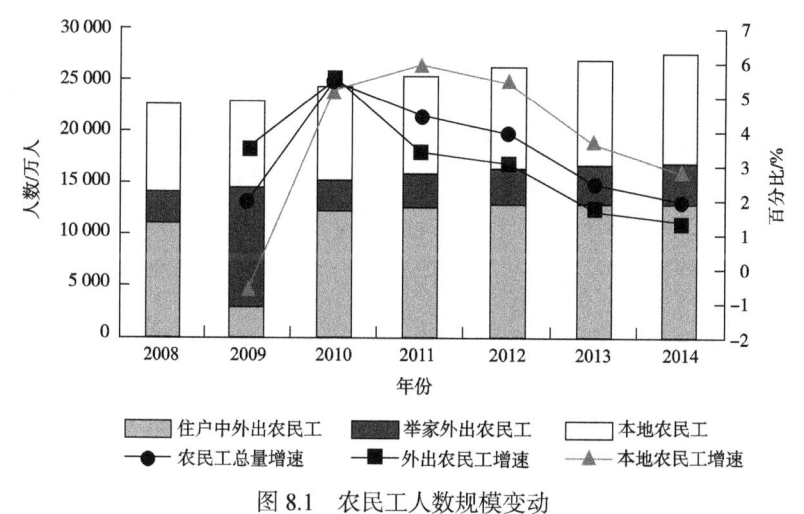

图8.1 农民工人数规模变动

图中数据根据国家统计局发布的2008~2014年农民工监测报告所得

从农民工输出地区域分布来看(图8.2),2009~2014年来源于东部地区的农民工数量最高,中部其次,西部最低。在年度数量变化上,中部和西部的农民工数量呈现逐年递增的态势,其中,中部地区农民工数量从2009年的7 146万人增加为2014年的9 446万人,西部地区农民工规模从2009年的5 815万人扩大到2014年的7 285万人。而东部地区2009~2014年农民工数量保持在10 000万人及以上,并在小范围内呈现波动。可以看出,相较于中部和西部地区,东部地区的农村剩余劳动力进城务工的规模更大,这可能是由于东部地区经济科技相对比较发达,农业技术更新较快,农业生产有传统的手工农业转变为现代的大规模机器化生产,从而解放出更多的农村劳动力,再加之东部地区农民的思想观念更加开放,东部地区的农村剩余劳动力进城务工的意愿要更强。

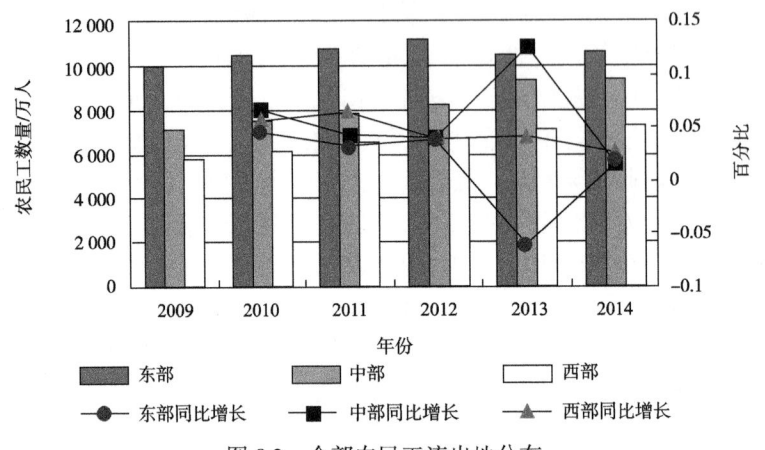

图 8.2 全部农民工流出地分布

图中数据根据国家统计局发布的2009~2014年农民工监测报告所得

从农民工就业流向来看(图8.3),省域流动上,东部地区农民工省内流动占比达到81.7%,跨省流动仅为18.3%,而中部和西部地区一半以上的农民工选择跨省流动,占比分别为62.8%和37.2%。相较于中部和西部地区,东部地区农民工省域流动性不是很强,说明农民工流动与区域性经济发达程度密切相关,东部地区经济更加发达且制造业非常繁荣,其劳动力市场对农村剩余劳动力的吸纳能力相对更强,并且由于经济增长迅速,劳动者平均收入水平远高于中西部地区,因此东部地区农民工更愿意留在本地就业;而由于中部和西部地区比邻东部地区,流动成本并不很高,因此中部和西部地区农民工也更愿意流动到东部地区寻找就业机会。

从就业地类型来看,近70%的农民工就业地点选择地级市、县级市及以下,20%左右农民工选择在省会城市就业,而在直辖市就业的农民工数量仅占农民工总数的不到10%。这可能是由于农民工技能水平整体偏低,大部分农民工只能从事一些低技能纯体力的工作,另外,由于在省会城市和直辖市工作的生活成本很高,因此多数农民工会选择在生活成本相对较低的地级市和县级市就业。

图8.4显示了2008~2012年长江三角地区和珠江三角地区两大经济区内农民工就业人数的变动情况。在2010年以前,长三角地区农民工就业人数少于珠三角地区的,但从2010年开始长三角地区农民工就业人数赶超珠三角地区,但总体上

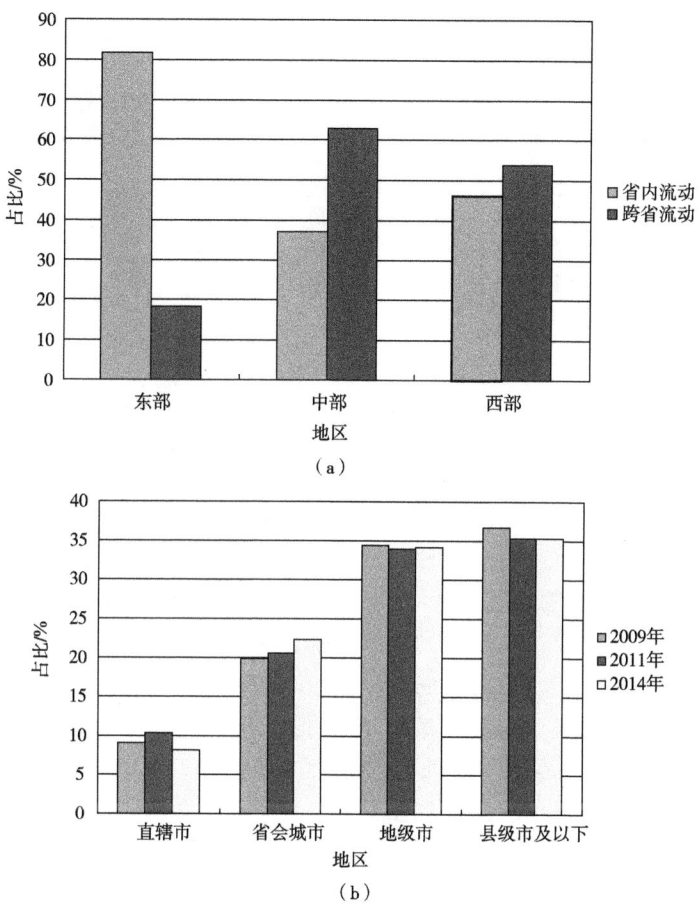

图 8.3 分地区农民工就业流向

来说,2010年以后在长三角地区和珠三角地区两个区域就业的农民工人数几乎达到全部农民工总数的一半以上(2014年长三角地区农民工就业人数为5 937万人,珠三角地区农民工就业人数为5 199万人),说明这两个区域对农民工的吸纳能力是很强的。

从年度变化来看,2008年长三角地区与珠三角地区农民工就业人数分别为3 056万人和4 241万人,而2009年长三角地区与珠三角地区农民工就业人数增长率分别为-7.9%和-22.6%,直到2010年两地的农民工就业人数才开始激增,这可能是2008年金融危机中很多企业减产停产而大幅度裁员之后出现的用工反弹造成的"民工荒",使2008年和2009年两年农民工就业人数偏低。而2010年以后长三角地区与珠三角地区农民工数量的浮动基本上很小。

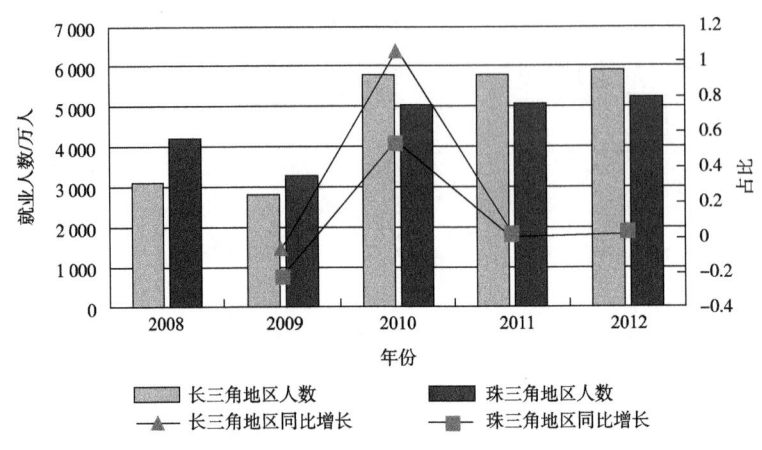

图8.4 长三角地区与珠三角地区农民工就业人数及同比增长情况

图 8.5 显示的是 2008~2014 年农民工就业的主要行业分布情况及动态变化。从数量结构来看，在制造业就业的农民工占比最多，2008 年达到 37.2%，到 2014 年虽有所降低但仍然占比 31.3%，这可能是由于制造业中所需的体力工人较多，且对就业者基本上没有特殊的人力资本要求，可以看出，中国作为制造业大国是需要大量农民工来支持制造行业的劳动供给。农民工占比较少的行业为住宿餐饮业，2008 年、2010 年、2012 年、2014 年占比都在 6%以下，虽然住宿餐饮业在很大程度上吸纳的是低人力资本的劳动力，但相比于建筑业而言，住宿餐饮业的就业环境相对较好，行业中农民工占比较少，说明农民工群体在低人力资本市场上也依然处于劣势地位。

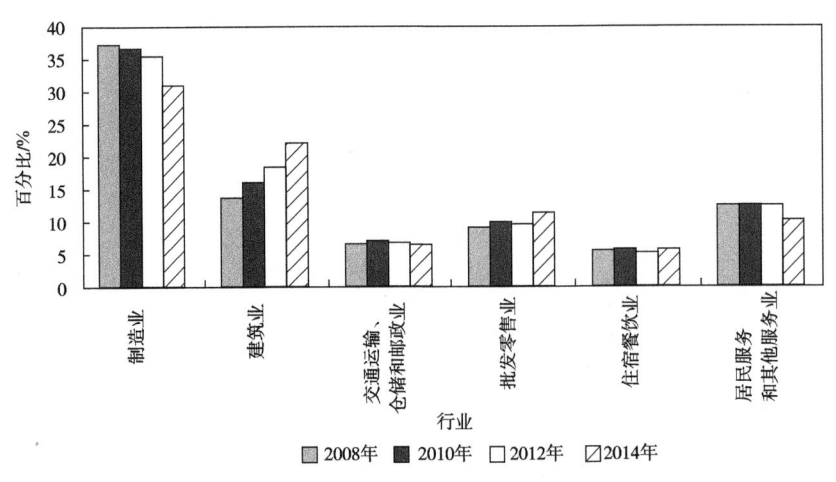

图 8.5 代表年份农民工主要行业分布情况

从动态年度发展来看,建筑业中农民工占比逐年递增,从 2008 年的 13.8%,增加到 2014 年的 22.3%,这很大程度上归因于近年房地产市场的迅猛扩张,这表明有千万农民工群体的支撑,才使得城市行业结构的发展避免了要素局限的影响,另外,如果房地产市场蓬勃发展的热潮冷却,那么大量农民工将面临着就业难的困境,农民工回潮现象将凸显。

图 8.6 对比了 2010 年和 2013 年农民工分地区行业分布情况。总体数量结构上,首先各地区农民工分布在制造业和建筑业两个行业的人数最多,这可能是由于制造业和建筑业所需的纯体力工人较多,对人力资本水平基本无要求,行业进入门槛较低,同时中国作为制造业大国,也需要大量的农民工来支持行业的劳动供给。其次是批发零售业和居民服务和替他服务业两个行业;分布在交通运输、仓储和邮政业及住宿餐饮业两个行业的农民工人数相比其他行业较少,人数占比全部在 10%以下,这两个行业虽然可以吸纳很多低人力资本的劳动力,并且相较于制造业和建筑业来说工作环境稍好,但农民工就业人数占比仍然不多,说明农民工即使在低人力资本市场上也依然处于劣势地位。从地区分布来看,东部地区制造业农民工就业人数最多,2010 年和 2013 年占比分别为 46.2%和 43.1%;西部地区建筑业农民工就业人数最多,2010 年和 2013 年占比分别为 26.1%和 30%;中部地区农民工同样主要在制造业和建筑业两个行业中就业,就业与两行业中的农民工比例在 2010 年和 2013 年分别为 42.9%和 48.2%。年度发展上,三个地区在制造业、交通运输、仓储和邮政业、居民服务和其他服务业三个行业农民工就业占比有所下降,但下降幅度不大;而在建筑业和批发零售业两个行业中各地区农民工就业人数占比都有小幅的提升。

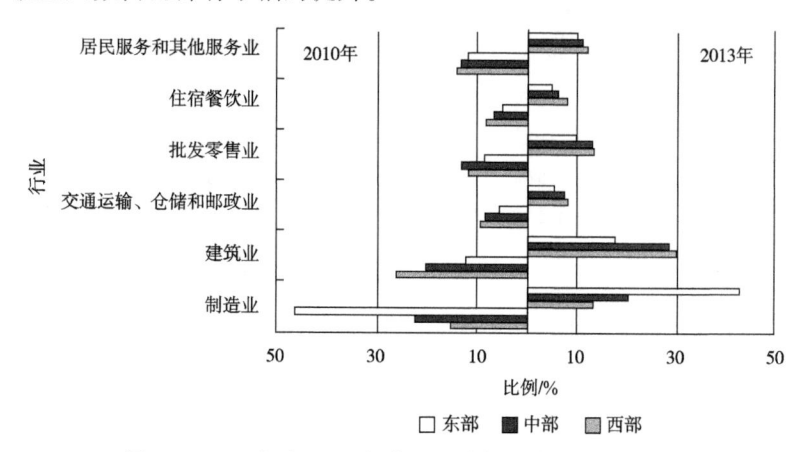

图 8.6 2010 年和 2013 年农民工分行业分地区分布情况

二、农民工个人特征情况

图 8.7 显示了 2008~2014 年农民工年龄构成情况。对比不同年龄群体可以看出，80%的农民工为 21~50 岁的青壮年劳动力，其中，21~30 岁的农民工占比最大，占全部农民工的 30%以上，这可能是由于农民工作为低人力资本劳动力群里进入劳动力市场，其所从事的工作集中于一些青壮年劳动力能够胜任的体力劳动工种。从年度变动来看，21~30 岁的农民工占比明显逐年下降，从 2008 年的 35.3%到 2014 年下降到 30.5%；相反，41~50 岁的农民工占比从 2008 年的 18.6%到 2014 年的 26.4%呈现出逐年升高的趋势，而全部农民工的平均年龄也是不断提高的，这表明农民工群体主力军逐步从青壮年转变为中年群体，这也就意味着老一代农民工仍然是农村外出劳动供给的主要力量，而新一代农村剩余劳动力外出就业意愿并不如老一代农民工强烈。

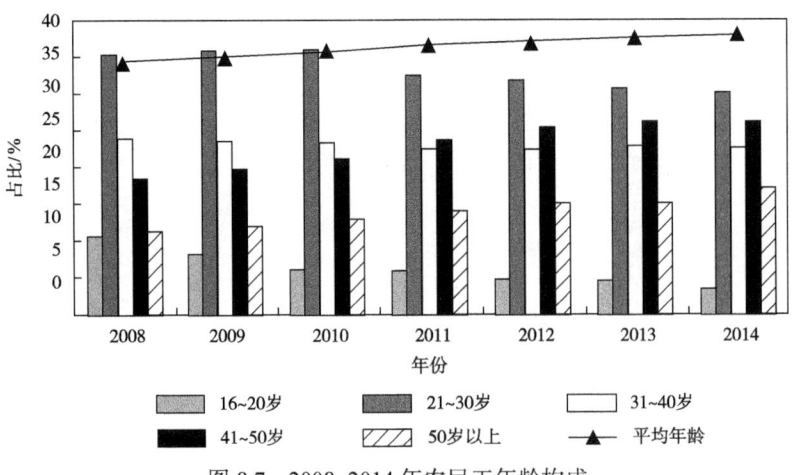

图 8.7　2008~2014 年农民工年龄构成

从图 8.8 中 2011~2014 年农民工学历水平构成的年度变动情况来看，80%以上的农民工为初中及以上学历，其中初中学历的农民工占比最多，2014 年占全部农民工总数的 60.3%，这反映了农村义务教育的基本普及。从年度变动来看，不识字或识字很少的农民工比例不断下降，从 2011 年的 1.5%下降为 2014 年的 1.1%，而高中学历的农民工占比逐年提高，从 2011 年的 13.2%上升为 2014 年的 16.5%，同时大专及以上的高学历农民工群体的占比也有所提升，从 2011 年的 5.3%提高到 2014 年的 7.3%，这说明农民工群体整体的人力资本水平在不断上升。

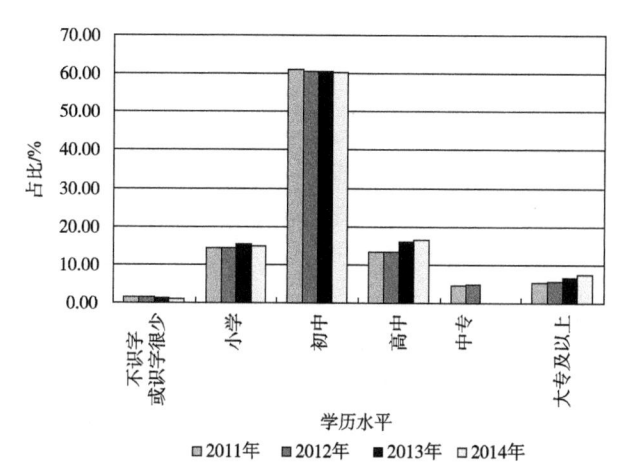

第八章 劳动力市场分割与农民工就业 ·139·

图 8.8 2011~2014 年农民工学历水平构成情况

图 8.9 对比了 2014 年各学历水平下本地农民工与外出农民工的占比情况。可以看出，在低学历水平（不识字或识字很少、小学）上，本地农民工占比要大于外出农民工，而在中高学历水平上（初中及以上），本地农民工占比要小于外出农民工，并且受教育程度在大专及以上的外出农民工比本地农民工占比多出 4.1%，这反映出中高学历的农民工比低学历农民工更愿意外出工作，可能的原因是学历较高的农民工思维更加开阔，更容易接受新鲜事物，加之其具有一定的技能，因此高学历农民工更愿意外出就业，以获得更多更好的就业机会。

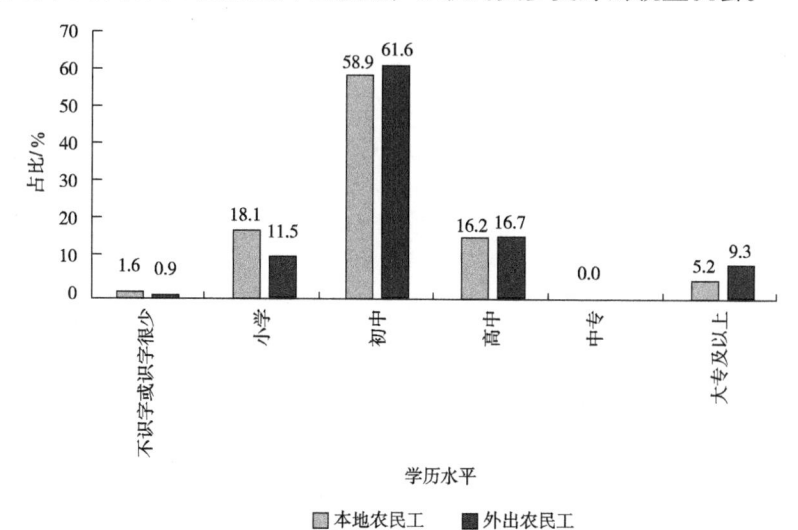

图 8.9 2014 年各类农民工学历水平构成

图 8.10 显示了各年龄层农民工参加过农业技术培训和非农职业技术培训的占

比情况。总体上来说，参加过两类技能培训的农民工在全部农民工的占比都不是很大，参加过非农职业技术培训的农民工要比参加过农业技术培训的农民工多，并且参加过非农职业技术培训的农民工数量占比呈现出逐年增加的趋势，由2012年的25.6%上升到2014年的32%，而参加过农业技术培训的农民工的占比基本保持不变，说明农民工群体越来越重视自身在非农职业技能上的培训。

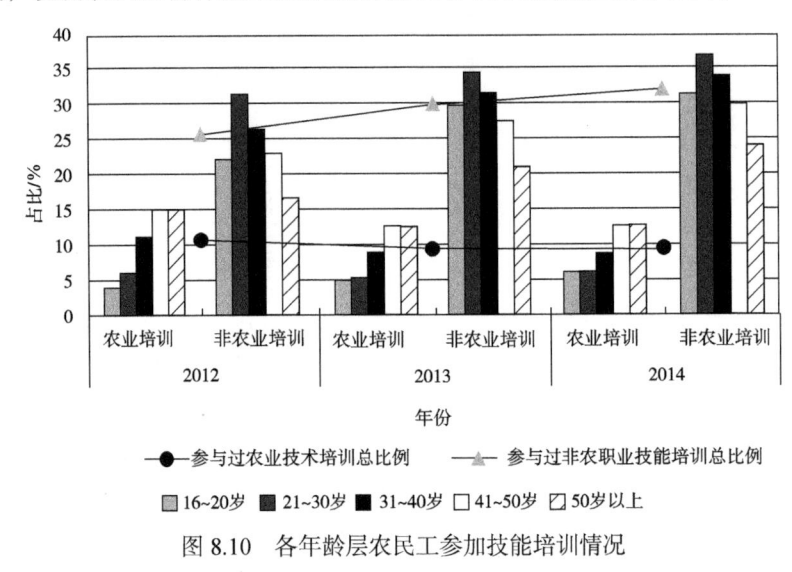

图8.10　各年龄层农民工参加技能培训情况

从各年龄层参加培训比例的年度发展来看，各年龄层农民工参加农业技术培训的比例都是逐年减少的，而参加非农职业技能培训的农民工在各个年龄层中的占比都是不断增大的，这说明农民工参加非农职业技能培训的意识和意愿都有所增强。从年龄数量结构来看，41~50岁和50岁以上的中老年农民工参加过农业技术培训的人数占最多，在2014年分别占比为12.6%和12.7%；而参加过非农职业技术培训的农民工以21~30岁年龄段的青年农民工作为主力军，这反映出新一代青年农民工对更重视对非农职业技能的学习。

三、农民工经济收入水平

图8.11为2008~2014年分地区农民工月均收入水平情况。从年度发展来看，各地区农民工月均收入与总体农民工月均收入变动趋势相同，都是随时间推移收入水平不断提高，2014年东部、中部、西部三个地区农民工的月均收入（分别为2 966元、2 761元和2 797元），比2008年收入水平（分别为1 352元、1 276

元和 1 275 元）翻一番，可以看出，近年政府相关政策使得农民工的经济状况明显得到改善。

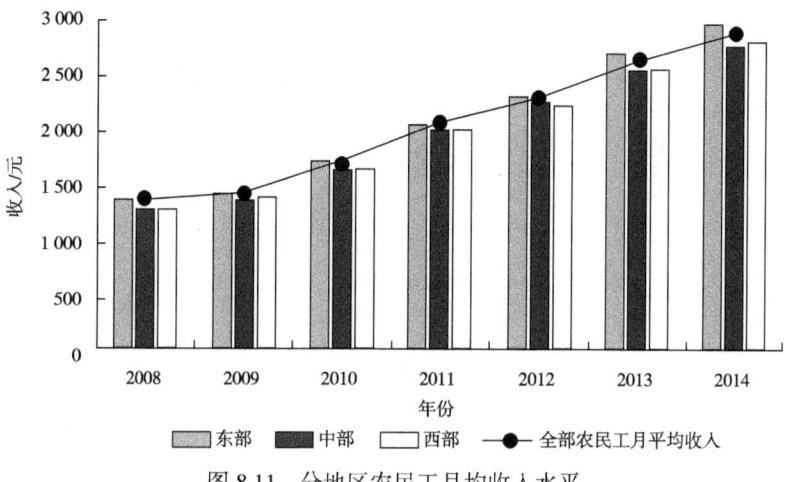

图 8.11 分地区农民工月均收入水平

从收入的地区结构来看，在东部地区就业的农民工收入水平始终高于中部和西部地区，并且高于全部农民工的平均收入，而中部和西部两个地区务工的农民工收入基本上处于同等水平。可以看出，农民工收入的区域结构与各地区经济发展水平密切相关，但同时也可以看出东部地区农民工的收入仅比中部和西部两地区高出不到 8%，相较于东部经济发达城市的高额生活支出，农民工多半面临入不敷出、生活拮据的窘境。

图 8.12 显示了各行业农民工月均收入的年度变动。从年度变动来看，全部农民工月均收入水平从 2009 年的 1 417 元不断提高，至 2014 年上升到 2 864 元，而各行业中农民工月均收入水平与全部农民工月均收入水平变动一致，都是呈现出逐年增加的趋势。从工资的行业结构来看，交通运输、仓储和邮政业及建筑业是农民工月均工资收入水平最高的两个行业，并且高于全部农民工月收入的平均水平，2014 年两个行业农民工月均收入分别为 3 301 元和 3 292 元，建筑业收入水平高也是行业农民工就业人数多的一个重要原因，而交通运输、仓储和邮政业虽然收入水平最高，但行业内农民工人数并不是最多的，这可能是因为该行业对专业技能和学历水平方面的要求使很多低人力资本农民工望而却步。农民工在服务业与住宿和餐饮业两个行业的月均收入水平相对最低，2014 年两个行业农民工月均收入分别为 2 532 元和 2 566 元，可以看出，在工作环境相对较好的行业里，农民工不仅进入难，而且即使就业工资水平也不高，这又再一次说明农民工在劳动力市场中的弱势地位。

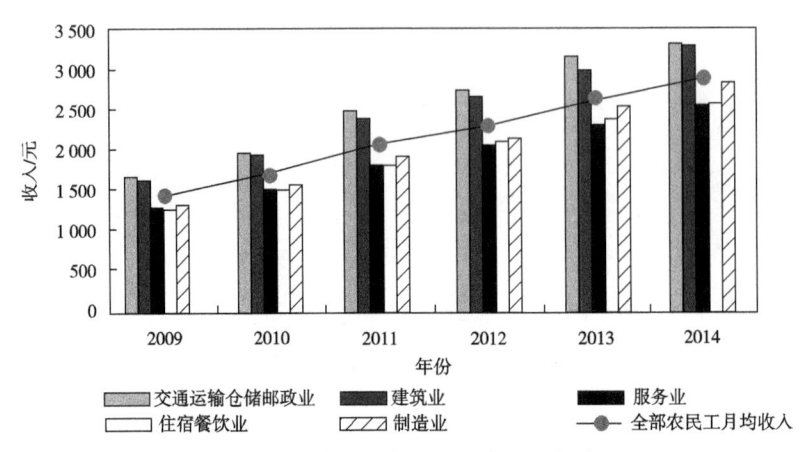

图 8.12　分行业农民工月均收入水平

四、农民工社会保障状况

图 8.13 显示了各个行业外出农民工签订合同比重的历年变动情况。总体上说，全体农民工签订合同的比重虽有小幅波动，但基本稳定在 43%左右，一半以上的农民工无法签订劳动合同，说明劳动力市场面向农民工所提供的就业环境并不是很规范。在各行业中，仅在服务业和批发零售业中农民工签订合同的比重有逐年升高的趋势，但涨幅并不是很大，与 2009 年相比，两行业在 2012 年签订合同的比重上涨幅度分别为 3.1%和 6.1%；其余行业签订合同的比重基本稳定，在建筑业甚至出现小幅的比重下降现象，由 2009 年的 26%降至 2012 年的 24.9%，可以看出农民工自身权益保护情况不容乐观。

将行业间数据进行对比可以发现，2009~2012 年制造业农民工签订合同的比例都能保持在 40%以上，高出全体农民工的平均水平，说明建筑业较其他行业而言，对农民工群体的就业保护相对较好；而建筑业中农民工签订合同的比重最低，占比不到 30%，并且在 2010 年之后呈现下降趋势，建筑业农民工就业规模庞大但就业保障极差，这更说明了农民工群体在劳动力市场中所处的劣势地位，政府及相关单位应对此予以重视。

从外出农民工被拖欠工资的情况统计来看（图 8.14），外出农民工被拖欠工资的比重呈现逐年下降的趋势，从 2008 年的比重为 4.1%不断降低，到 2012 年达到最低水平 0.5%，2012 年以后这一比重稍有回升但基本稳定在 0.8%，可以看出，对农民工的收入保护情况还是相对较好的，并且对此方面的保护正在不断地完善，这说明农民工的工资是其维持生活生计的保障，可以说收入问题是农民工在各项

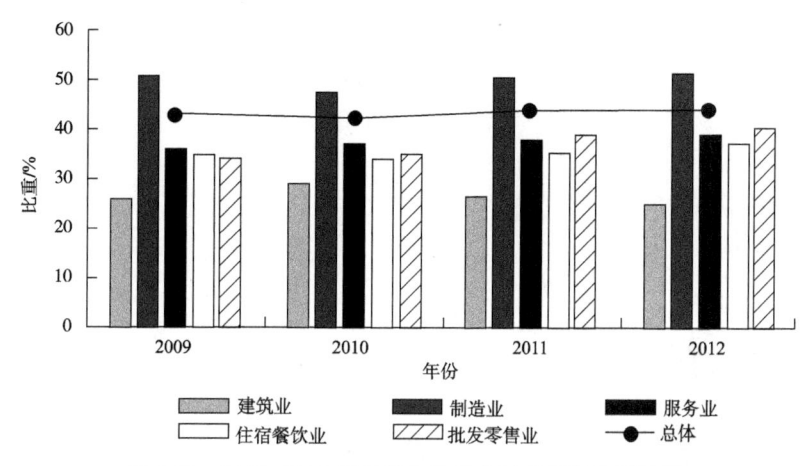

图 8.13 2009~2012 年各行业外出农民工签订合同比重

权益最为重视的，同时也是其最底线要求，因此，政府和企业不论是基于社会维稳的角度还是提高用工效率的角度，其对农民工切身重要的经济收入问题都是非常关注的。

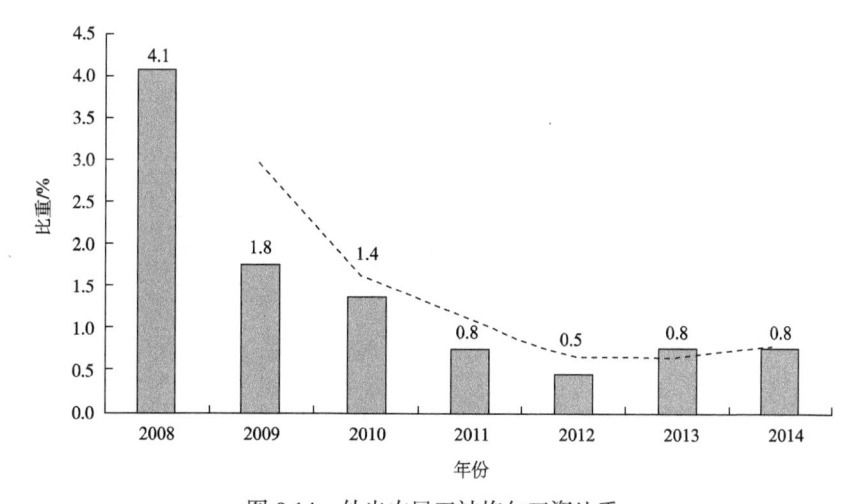

图 8.14 外出农民工被拖欠工资比重

图 8.15 统计了 2008~2013 年外出农民工的住宿情况，从不同类型住宿情况对比来看，三分之一以上的农民工居住在单位宿舍或工地工棚，30%左右的农民工与他人合租住房或独立租赁住房，而能够在务工地自购房的农民工仅占外出农民工的不到 1%。一方面，这表明由于农民工在收入水平不高的情况下，为避免租住房屋的开销加重其生活负担，他们对于工作单位是否提供免费住宿非常在意，因此多数企业会为其提供单位宿舍或者工地工棚居住；另一方面，即使工作单位提

供住宿，但一般住宿环境也相对不好，因此，大多数外出农名工面临着生活居住条件差、与家人聚少离多、家庭生活缺失的窘境，这一问题也亟待政府与企业协同解决。从年度变化来看，在单位宿舍居住的外出农民工比重逐年下降，从2008年的35.1%下降到2013年的28.6%；而乡外从业回家居住的外出农民工占比呈现逐年上升的态势，有2008年的8.5%提高至2013年的13%，这再一次说明外出农民工对家庭生活的渴望。

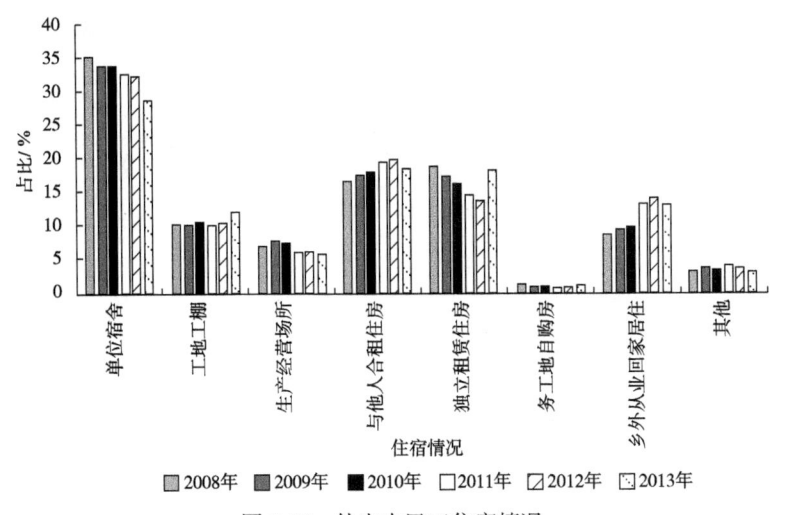

图8.15 外出农民工住宿情况

根据2008~2014年外出农民工社会保障参保情况（图8.16），在各险种比较方面，工伤保险参保率最高，2014年参保率达到全部外出农民工总数的26.2%；医疗保险其次，2014年的参保率为17.6%，这两个险种参保率相对较高的可能原因如下：大部分农民工在建筑业和制造业两个行业就业，工作内容一般是一些重体力劳动甚至是高危作业，因此农民工对工伤保险和医疗保险的参保意愿相对较高。值得注意的是，外出农民工养老保险的参保率在2014年已达到16.7%，仅次于医疗保险的参保率，这表明农民工对其自身养老保障问题尤为重视。在年度变动上，外出农民工对大多数险种参保率都是逐年提高的，而生育保险和失业保险的年平均增长率相对最高，分别达到25.46%和18.99%。这说明农民工对社会保障的各个险种开始多加关注，并且去参保的意识也在不断提高。

图8.17统计了2014年外出农民工社会保障参保率的地区分布情况，与总体规律相同，即总体上外出农民工对工伤保险的参保率在东部、中部、西部三个地区都依然高于其他险种，三个区域工伤保险的参保率分别为29.8%、17.8%和21.9%；另外，医疗保险、养老保险、失业保险和生育保险的参保率相对较低。

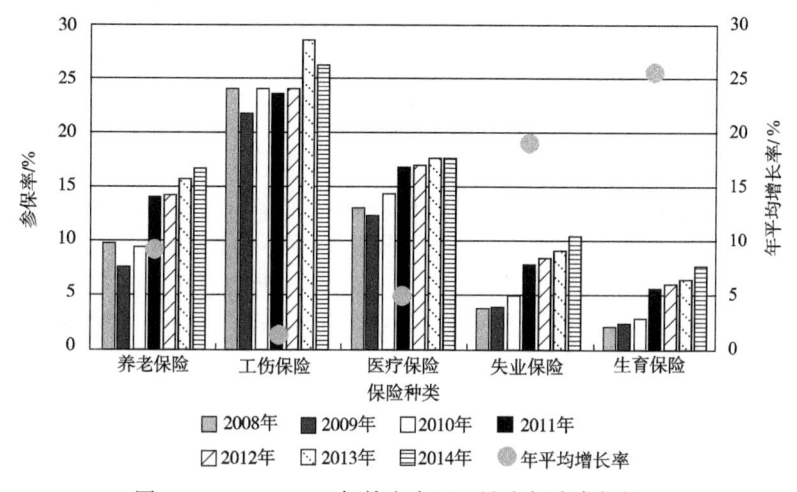

图 8.16　2008~2014 年外出农民工社会保障参保情况

从各险种参保率的地区对比来看，东部地区就业的农民工在各个险种的参保率都高于中部和西部地区，这可能是由于在东部发达省市的社会保障体系相对完善，在此区域就业的农民工人力资本水平和劳动力素质也相对较高，个人自我权益保护的意识和意愿都相对更高。此外，西部地区农民工在各险种的参保率要高于中部地区，并且参保率的年平均增速也要快于其他两个地区，可以看出，针对西部地区农民工的社会保障体系在逐步完善，农民工的参保意愿也在不断提高。

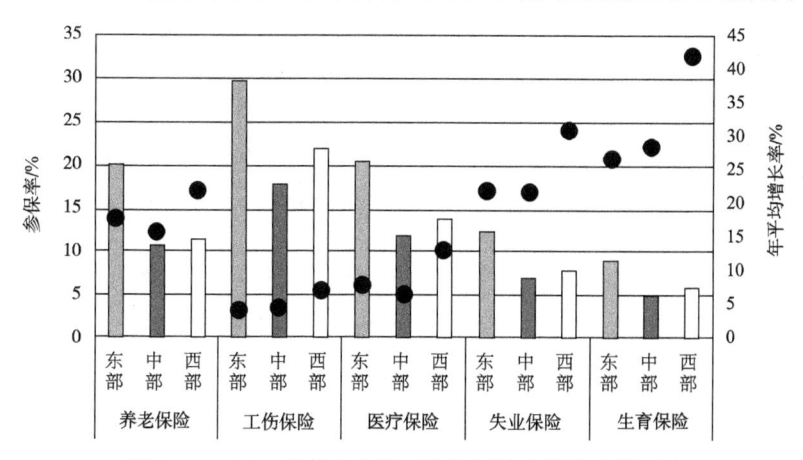

图 8.17　2014 年外出农民工分地区社会保障参保情况

图中柱状图表示参保率，黑色表示年平均增长率

图 8.18 显示了 2014 年外出农民工参加社会保障的行业分布情况。从险种对比来看，外出农民工对工伤保险的参保意愿在各个行业仍然是最为强烈的，其次

是医疗保险、养老保险、失业保险和生育保险的参保率仍然较低。从参保率行业对比的角度来看，制造业中的农民工对各个险种的参保比例都是最大的，养老保险、工伤保险、医疗保险、失业保险和生育保险的参保率分别为20.9%、32.8%、21.7%、12.2%和8.8%，并且其年均增长率也相对较高，在5个险种的增长率分别为19.4%、4.5%、8.5%、25.5%和31.1%，这说明制造业中就业的农民工参保意识相对更强。其次，在交通运输、仓储和邮政业中就业的农民工各险种的参保率也较高，但其年均增长率几本上处于各个行业中的最低水平，增长率在5个险种中分别为10.5%、0.4%、4.5%、16%和21.3%。值得注意的是，在批发和零售业以及住宿和餐饮业两大行业中，虽然农民工对各个险种的参保率较比其他行业并不是很高，但其参保率的年平均增长率却要高于其他行业，尤其是在生育保险与失业保险两个险种上增长幅度很大，批发和零售业中生育保险与失业保险的年均增长率分别为34%、26.1%，住宿和餐饮业中年均增长率分别为38%和26%，由于这两个行业的工作内容比其他行业更为轻松，工作环境也相对较好，那么行业中参保率增速快就更加说明农民工群体的参保意识正在不断增强。

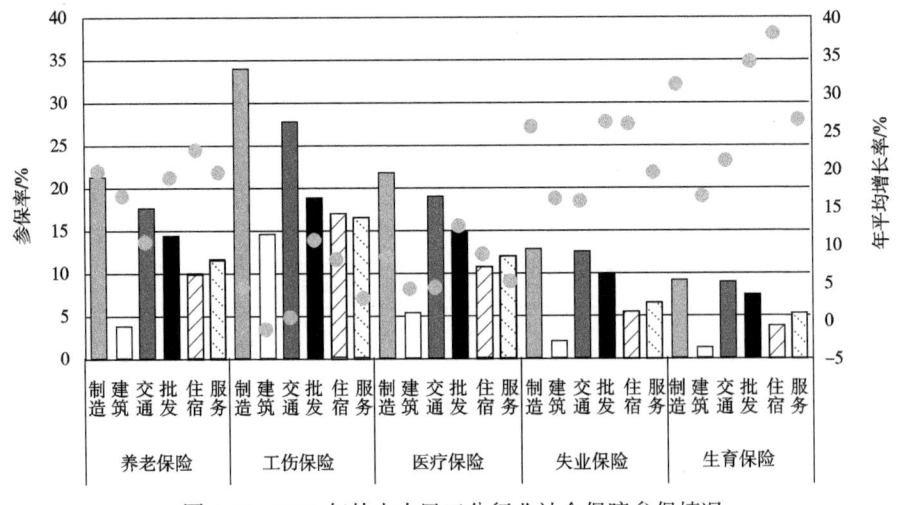

图8.18 2014年外出农民工分行业社会保障参保情况

图中柱状图表示参保率，灰点表示年平均增长率

第二节 劳动力市场分割下农民工就业障碍机制

农民工首先因户籍制度在身份上承受"低人一等"的标记，这不仅使农民工

无法享受城市劳动者很多相关的福利,也因其自身人力资本投资水平不高,无法进入城市一级劳动力市场。

农民工来自农村,地理环境与城市的分隔,导致其在城市就业的信息成本和交通成本较高,就业的障碍和壁垒较多,同时农民工之间的就业竞争较大,使得农民工在分割的二元劳动力市场中就业处于被歧视的状态。

一、户籍制度造成的就业身份障碍

1958年《中华人民共和国户口登记条例》出台了一套较完善的户口管理制度,户籍分为城市和农村,二者之间不可以自由转换,劳动力不可以自由流动,劳动力市场存在比较明显的城乡户籍障碍,形成了城乡分割的制度根源。

劳动力市场城乡分割给农民工带来了较高的劳动成本。一方面,户籍制度使农民工无法享受城市的福利制度,如住房、医疗、教育、养老等方面的福利都享受不到,因此农民工住房要花钱去租、医疗没有保险、子女教育要付出比城市市民更多的费用、养老保险制度也没有实行,这些都间接地提高了农民工的就业成本。另一方面,由于农民工从农村来到城市,人生地不熟,在交通、生活费用、就业信息的获得、各种费用的交纳等方面都形成就业的直接成本。

正是由于就业成本和生活成本的二元性,农民工在就业决策的过程中,对工资(收入)的偏好明显高于城市同等人力资本水平的劳动力,因为他们更加迫切需要钱来解决在城市的基本生活问题,相反,同等人力资本水平的城市劳动者由于其享受更多的福利和社会保障,对生活的基本需求不难满足,所以,他们会对工资(收入)的偏好稍弱,而对生活质量和就业质量的要求会更高。

如图8.19所示,W_1代表较低的工资水平,W_2代表较高的工资水平。U_1代表农民工的无差异曲线,即表示农民工对收入的偏好较强,U_2代表城市劳动者的无差异曲线,U_2比U_1更加陡峭,表示城市劳动者对工资收入的偏好弱于农民工,但是对生活质量(闲暇)的偏好强于农民工。

图8.19中,当工资水平为W_1时,城市劳动者的个人选择为M点的隅角解,即全部时间都用来闲暇,不会在W_1工资水平下产生劳动就业和劳动供给;但是在W_1工资水平下,农民工的无差异曲线与预算线相切于A点,农民工产生H_1H_0的劳动供给,仅剩余OH_1的闲暇。此分析解释了在城市劳动力市场,那些工作环境最差、工资水平最低的工作,往往只有农民工从事。当工资水平为W_2时,城市劳动者选择OH_2的闲暇,但是会产生H_0H_2的劳动供给,即在稍高水平的工资条件下,城市劳动者选择就业;同时,在W_2工资水平农民工因为其更加偏好工资收入

图 8.19 户籍制度与农民工就业

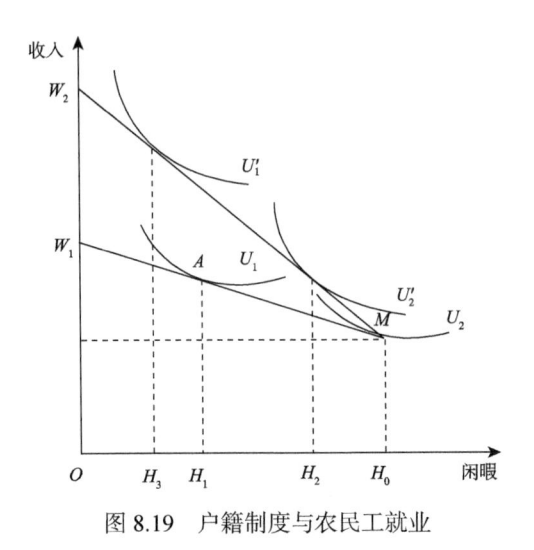

而选择提供更长时间的劳动供给 H_0H_3,只保留 OH_3 的闲暇。可见,农民工因其身份障碍,在城市就业市场中更加处于劣势地位,对于工作条件和工作报酬的议价能力较弱,工作选择自由更少,相对于城市劳动者更加处于劳动力市场的低端。

二、受教育程度和工作技能制约农民工的就业

农民工在城市劳动力市场由于其户籍制约而受到就业歧视,如果要改善这种状况,突破农民的身份,可以通过接受高等教育等方式。但是改变身份属性毕竟是农民改善其就业条件的少数人,在户籍尚未改变的前提下,提高自身就业状况,可以通过加强职业培训来实现。

由于农民工大都是高中以下文化程度,人力资本积累程度较低,受教育程度和技能水平的制约,农民工掌握的科学理论和专业技术少,大都靠出卖自己的体力和花费更多的劳动时间来换取工作报酬。在劳动力市场中,农民工工作强度大,待遇较差,基本从事劳动密集型或者全体力劳动,承担着城市劳动力市场的低端劳务工作,且很难公平享有城市的公共服务和社会保障福利。

相关的实证研究结果表明,不仅城市劳动力的人力资本水平高于农村劳动力,而且人力资本收益率也是城市劳动力高于农村。因此对于劳动需求方(企业)而言,雇佣农民工可以更多的廉价使用劳动者的人力资本。我国制造业大国的比较优势依赖于国内廉价的劳动力资源,而农民工作为重要的一部分产业工人,为我国劳动密集型产品的竞争优势做出了重要的贡献。对于农民而言,在相同人力资本条件下,

城市的劳动收益率高于农村，非农劳动收益高于农业收入，虽然其在城市的主体地位不能完全得到认可，工资水平低，工作待遇和社会保障条件差，但是目前我国仍有三分之一的农村劳动力转移至非农产业，成为城市劳动力市场的重要组成。

从目前的农民工劳动力市场来看，由于农民进行人力资本投资的积极性不高，大多数农民工掌握的技能不多，他们只能从事有限工种的体力劳动。

如图 8.20 所示，假设有两个工种的工作——搬运工和修理工，可以供农民工来选择。由于劳动者的工作技能既定，各类劳动者的就业选择就受到局限。因为修理工需要特定的工作技能，对于没有修理技能的农民工而言，这类工作是无法选择的，人力资本门槛直接将农民工拒之门外。

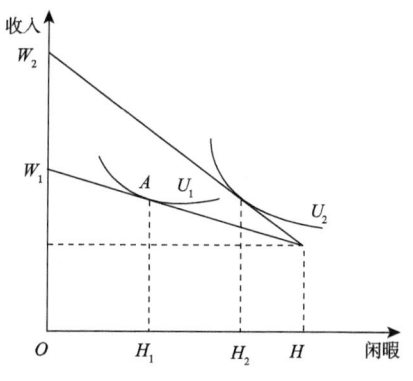

图 8.20 人力资本水平与农民工就业

图 8.20 中，U_1 表示可以从事搬运工工作的农民工的无差异曲线，U_2 表示人力资本水平较高的可以从事修理工作的劳动者的无差异曲线，在图中是两类人不同的偏好类型。

如果农民工不具备修理工的知识技能，就无法选择从事修理工作，其就业机会因此减少一半。农民工对搬运工作的选择是均衡点 A，提供 HH_1 的劳动供给，保留 OH_1 的闲暇时间。

如果农民工具备修理工的知识技能，那么其既可以选择搬运工作，也可以选择修理工作，根据其效用最大化的原则，最优选择当然是从事修理工作。那么具备修理工作知识技能的农民工的就业机会增加了 50%，在两类就业选择中的就业机会有 100%。首先，知识技能提高了就业机会；其次，根据修理工效用最大化的选择，其均衡点为 B，劳动供给为 HH_2，闲暇 OH_2，闲暇比从事搬运工的劳动者多，工资收入高，效用水平也高。

总之，低人力资本水平的农民工不仅会受其户籍身份的制约，而且同时在就业中因其人力资本较低会第二次受到歧视。相反，人力资本投资增加，可以改变农民工的就业机会和就业状况。提高受教育程度和加强职业培训，可以为农民工带来给多的就业可能性，并且在就业条件上有所改善。

三、雇主歧视与工作延时

劳动者都可以通过延长工作时间来获得更多的劳动收入，但是对于可以进入一级劳动力市场的城市劳动者而言，其增加劳动收入的选择和机会较多，而对于只能在二级劳动市场寻找就业机会的农民工而言，增加劳动收入的主要途径就是延长劳动时间，即加班。

图 8.21 所示，在工资水平 W_1 条件下，农民工在 A 点均衡，选择 OH_1 的闲暇，产生 H_1H 的劳动供给；因为加班需要支付双倍的工资报酬，提高了工人的边际工资水平，沿着 W_2 工资预算线，农民工均衡在 B 点，工作时间延长至 HH_2，闲暇减少至 OH_2，工作收入达到 $HH_1 \times W_1 + H_1H_2 \times W_2$。如果雇主直接将工资提高到 W_2，则农民工均衡选择在 C 点，劳动供给依然是 HH_2，闲暇保持在 OH_2，与加班时状态下工作时间一致，但是不同的是，在 W_2 工资水平下，雇主需要支付给农民工的工资是 $HH_2 \times W_2$，远远高于加班时支付的工资总和。

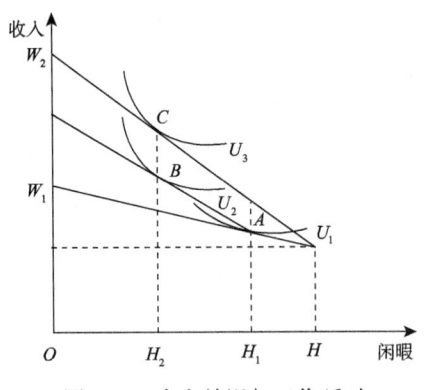

图 8.21 雇主歧视与工作延时

由于对于雇主而言，付出加班双倍报酬远远比直接支付高工资划算，而且在城市劳动力市场存在分割的前提下，农民工的选择机会较少，雇主就会采用加班增加报酬的策略来获取农民工超长时间的廉价劳动力供给。农民工选择在现有就业机会下加班工作以获得较高的工资收入。这样，雇主的歧视策略得以实现，同时单个农民工劳动供给增加，必然导致雇主对新雇员的需求下降，其他农民工获得就业机会继续减少，使得整个农民工群体就业机会和就业收入循环恶化。

四、经济波动与要素价格变化对农民工就业的影响

（一）经济波动与农民工就业

改革开放以来，我国东南沿海招商引资力度加大，东部地区经济增长快速，原有企业的扩张和新增企业的发展，尤其是第三产业的发展导致大量加工制造业等劳动密集型产业投资过热，发展速度过快，进而对劳动力尤其是农民工的需求增大，于是形成了大量农村剩余劳动力到东部地区打工的"民工潮"，这也是我国"农民工"现象的经济根源。"民工潮"给我国发达地区企业的发展提供了大量的廉价劳动力，也为我国"二元经济"的发展提供了剩余劳动力转移的途径，"农民工"成为促进经济发展和经济转型的一个具有时代特色的就业人群，其身份的转变为农村居民收入的提高提供了新思路和新渠道。

但是"农民工"供给具有零散性和变化性的特征，农业税的减免制度、农村多种经营渠道的扩展、农村教育水平的提高等，都使得具有自发性特征的农民工群体的供给在一度井喷式增加之后，具备了减少的内因和外在条件。2010年春节之后，我国出现了大规模的"民工荒"，东南沿海地区的劳动密集型企业出现了严重的"用工荒"，中小型私营企业由于一工难求，甚至濒于破产的边缘，"民工荒"严重影响了企业的生产。

在农民工市场上，对劳动力需求的不断增加形成的"民工潮"，以及当农民工供给不断减少造成大量岗位空缺形成的"民工荒"，造成了农民工就业市场供求失衡，效率低下。农村劳动力转移就业过程中出现的"两潮两荒"表明农民工就业的脆弱性，伴随经济增长的波动，尤其是制造业的周期性波动，农民工转移反复性与劳动供求波动交替出现。而农民工在外出务工时遭遇的经济趋缓影响，表现为农民工就业能力的脆弱性和动荡性，但是这种现象容易被经济景气之后的就业机会增加所隐藏，而且这种短期的就业波动难以在年度统计中体现，使学术研究中的数据模糊了很多季节性和周期性的波动，即农民工就业的动荡和不确定远比我们看到的统计数据更加剧烈，因此，农民工就业的成本不仅仅包括其迁徙成本，而且还包含其就业波动的风险成本，这种不确定性不利于农民工的规律性的转移，也不利于我国产业结构的升级和发展。

经济扩张与萎缩直接影响企业的产量，如图 8.22 所示，企业在成本 C_1 时产量达到 Q_1 水平，此时劳动需求为 L_1，当经济景气，企业开始扩张，成本投入增

加至 C_2 水平，企业产量达到 Q_2 水平，而劳动需求相应的增加至 L_2。由此可见，农民工就业总量随着经济景气和企业扩张而增加。相反，如果经济下滑，产品销售萎缩，企业会减少投入，成本由 C_2 减少至 C_1，产量由 Q_2 降至 Q_1，则劳动需求有 L_2 减至 L_1，农民工因经济萧条而就业困难。

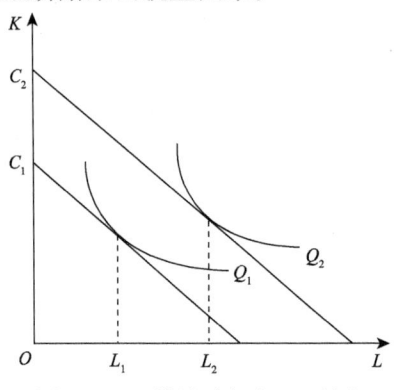

图 8.22 经济波动与农民工就业

其实，全社会劳动就业随着经济波动的变化都是受到普遍的影响的，但是由于农民工就业基本从事那些技术含量较低，缺乏社会保障的工作，在经济低迷时，企业很难短期解雇那些"体制内"的具有保障型福利的员工，随着经济波动而在劳动力市场进进出出的必然是缺乏身份保护符的农民工，所以农民工就业波动叠加了自身随着经济波动的涨跌部分和其他非农民工的波动性劳动力需求。因此可以说，农民工承担了劳动力市场随经济波动而动荡的大多数成本。

（二）要素价格变化与农民工就业

劳动力作为关键的生产要素，其价格决定首先受我国人口结构和总量的影响。新中国成立以来，我国人口在 20 世纪 60 年代出现了一次陡降，主要是大饥荒下的人口被动骤减，而后人口进入正常的反弹；之后由于计划生育政策，我国人口进入了一个比较长时期的增速下降阶段。第六次全国人口普查估算我国妇女总和生育率仅为 1.18，即下一代比上一代减少 41%，人口萎缩趋势明显。

人口抚养比（图 8.23）是指全社会需要抚养的人口与劳动人口之比，随着老年人平均寿命的提高及多子女一代人口步入老龄，我国人口抚养比迅速提高。我国已经步入老龄化社会，劳动力数量以每年大约 200 万人的速度在减少，人口结构导致我国的人口红利视窗关闭，人口红利正在消失，劳动力成本上升。农村剩余劳动力无限供给的阶段已经结束，制造业的劳动力成本快速上升，依靠优质低端劳动力驱动的制造业及经济发展模式难以持续,并且已经威胁到我国制造业大国的地位,劳动要素总量驱动的经济增长必须向要素效率驱动的增长方式转变。

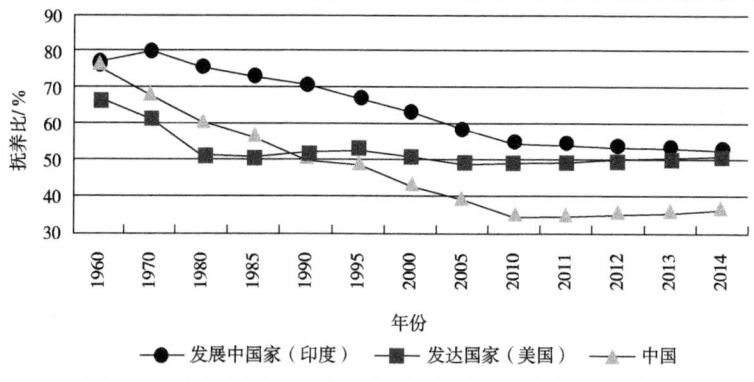

图 8.23 中国与发达国家、发展中国家人口抚养比的对比

当劳动力出现供给减少,对于农民工这类劳动者而言,伴随着"民工荒"出现了全国大范围的用工短缺和用工费的上涨。如图 8.24 所示,当农民工过度供给时,其工资价格为 W_1,企业实现最大化产量在 Q_1 水平,雇用的农民工数量为 L_1;而当农民工短缺时,其工资价格上涨至 W_2,企业会减少雇用的劳动力数量至 L_2,以降低其成本投入。由此可见,一方面农民工不再是无限供给,供给数量相对于需求在下降;另一方面农民工的就业机会伴随其价格上涨而下降,减少了农民工在城市劳动力市场的就业选择。因此,人口结构变化对农民工的影响是直接而广泛的。

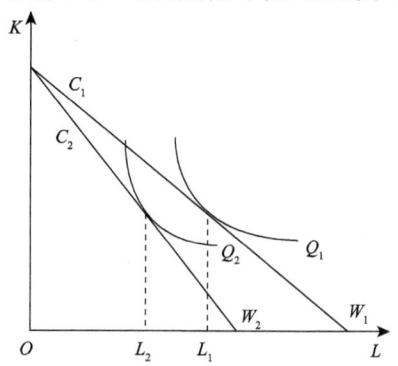

图 8.24 劳动力要素价格变化与农民工就业

另外,如果人工变得越来越昂贵,而随着科技进步,资本品的价格在迅速地下降,则资本与劳动的相对价格变化如图 8.25 所示,C_1 成本线表示资本价格相当昂贵,而劳动价格比较便宜的时代,企业成本线的斜率比较小,实现产量 Q 时所需劳动为 L_1,可以说企业采用劳动密集型的生产方式降低成本;而随着资本品价格的下降和劳动的价格不断上升,企业成本线变得越来越陡峭,如图 8.25 中的

C_2，企业在此成本组合下，会雇用较少的劳动 L_2 来达到产量 Q。因此，随着科技进步和产业发展，劳动密集型生产方式的不断转换升级，企业采用资本替代劳动的方式降低成本，提高竞争力，劳动就业会受到资本要素的替代和威胁，就业更加障碍重重。而对于农民工而言，在这个过程中，又是最容易受到威胁的劳动力类型，因为资本最容易替代的就是低人力资本水平的劳动者，资本很难替代高技术含量的技能型劳动力，甚至无法替代具有创新性和领导能力的管理人才。所以，在资本对劳动力的替代过程中，农民工是首当其冲的受害者，其承担了要素转换中的大部分劳动者就业成本。

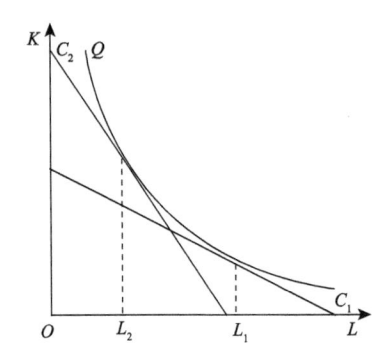

图 8.25 要素相对价格变化与农民工就业

一方面，人工日益昂贵给企业带来了成本递增的风险；另一方面，企业采用资本替代劳动的方式来规避风险会促进产业升级和产业的区域转移。因为企业转型条件下的产业升级是源自企业"强资本弱劳动"的内在动机，每一个产业结构类型的企业都在转向更加"资本密集"的另一个产业梯度，可以有效促进企业发展和产业升级，并且有利于区域协调和城乡统筹。"民工潮"和"民工荒"让市场更加反思劳动力转移的发展与变化，促进我国劳动力市场体制的完善和保障制度的合理发展，转变劳动者的就业观念，推动经济转型和发展。

第三节 新生代农民工的特点及其在劳动力市场中的作用

一、新生代农民工的特点

新生代农民工是指 20 世纪 80 年代以后出生，在农村长大，户籍身份在农村，没有受过高等教育,进入城市务工的农村流动人口。

与第一代农民工相比,新生代农民工的文化程度较高、工作期望值高、对物质需要和精神需要要求较高,而吃苦耐劳精神不够。他们不愿在务工结束后回家务农,渴望融入城市生活的愿望比第一代农民工迫切,希望自己的子女能够受到良好的教育。

第一代农民工直接脱胎于农业生产和农村生活,新生代农民工出生于改革开放以后,二者在人口特征、流动状况等方面都有所差别。虽然与第一代农民工相比,新生代农民工的就业状况、社会保障状况都有所改善,但与相同年龄层的本地市民和"城-城"流动人口相比,新生代农民工在劳动就业、社会保障等方面仍然处于劣势,表现为职业声望低、收入水平低、保障程度低、就业行业差、住房条件差等(杨菊华,2010),仍然处于社会的底层。

首先,新生代农民工更注重发展,对职业发展有着强烈的渴望。如果说第一代农民工是单纯地追求收入和生活水平的提高,更愿意"落叶归根",而新生代农民工则更注重自身的发展与自我实现。

其次,新生代农民工更注重权利,而非利益。相对生存状况因素,权益被侵害状况、主观剥夺感与社会参与情况、迁户进城的意愿对新生代农民工更加具有显著的影响力。新生代农民工更注重个人感受,注重社会的公正、公平,更注重参与权、市民权等公民权利,他们融入城市的冲动更强。

最后,新生代农民工是一个稳定的群体,是一个追求发展、积极向上的群体。新生代农民工集体行动意愿来自于其个体对权利的认知、感受和对发展的追求,不会通过生活或制度环境中的情绪感染进一步扩散。当遭遇到权益侵害时,新生代农民工有着比其父辈更强烈的利益抗争冲动。如果说,农民工并不是一个"不表达、不申诉的沉默的群体"(王晴锋,2010),那么,新生代农民工则具有更强烈的维权集体行动意愿,更倾向于选择集体抗争来争取自己的合法权益。

二、新生代农民工的就业困境及原因分析

(1)新生代农民工就业层次低、渠道窄,缺乏必要的保障。总体上看,新生代农民工受教育程度和个人素养还远远达不到城市劳动力市场的需求。中国劳动力市场网的数字显示,当前只有三成的新生代农民工的文化程度在高中以上,整体而言,新生代农民工就业层次低、渠道窄。长期以来,中国计划体制造成的城乡二元结构也是原因所在。国家的法律法规不健全,执行贯彻难,甚至某些地方法规对农民工存在明显的歧视。用人单位对外地务工人员可选择就业的行业、工

种等进行限制,致使农民工就业存在严重的社会不公。许多新生代农民工虽然从事和正式工一样的工种,付出同样的劳动量,却得不到同样的收入,劳动价值得不到公平的体现。农民工工资拖欠问题也没能得到根本的解决。新生代农民工缺乏最基本的劳动安全保护和劳动安全保护常识,致使其职业病和工伤事故频发,农民工权益屡屡受损,城市高房价也成为新生代农民工融入城市不可回避的问题。

(2)新生代农民工就业途径单一,缺乏专业职介系统。新生代农民工的就业途径,大多是通过熟人介绍,属于比较传统的就业方式。目前,政府要建立健全针对新生代农民工的职业介绍系统还有很大的空间,对农民工缺少必要的关注和引导,并且用工信息发布不及时,网络的招聘信息真假参半。

(3)新生代农民工心理问题日益凸显。每到年底的时候,农民工的刑事案件或治安案件频发,而这些案件的发生,实际上反映的是农民心理问题。农民工心理问题的诱因是多种因素共同作用结果。农民工缺乏文化娱乐生活,长年累月过着干活、吃饭、睡觉的单调生活,由于受教育水平有限,农民工只能从事脏活、累活、重活,收入颇少却负担繁重。由于没有城市户口,在医疗、教育等很多方面与城市人口存在难以逾越的鸿沟。无论在现实利益和心理感受上,这种户口差别而导致的不平等都容易使农民工产生自卑心理和不满情绪,负面情绪不断堆积,一旦有小事作为导火索则会一触即发,引发极端行为。

(4)新生代农民工返乡就业难。金融危机后,返乡农民工人数剧增。据2012年农业部进行的抽样调查,全国大约有2 000万名农民工失业返乡,他们普遍有"三怕"心理——怕出去找不到活干、怕干活领不到工资、怕工资低挣不到钱。还有大批农民工在外出打工前将土地承包转租,出现进城无业就,返乡无地种的情况。由于大批农民工失业返乡,输出地政府压力剧增,通过举办招聘会、技能培训、职业介绍等方式释放农民工返乡就业压力,但资源有限,效果甚微。

三、新生代农民工在城市劳动力市场中的作用及其管理建议

农民工是新型城镇化进程的最终实施主体,其市民化的主动性和积极性将决定新型城镇化的质量和速度。在第一代农民工落叶归根、逐渐退出历史舞台的背景下,数量占主导的新生代农民工群体也逐渐蜕变为农业转移人口的主体。新生代农民工是指1980年以后出生的在异地以非农就业为主的农村户籍人口,由于在所处时代背景、成长经历、文化素质等方面与第一代农民工存在巨大的差异,新生代农民工在价值取向、社会心态、个人诉求、行为逻辑、参照目标、身份认同、生活方式等诸多方面体现出显著不同的特征,在对待城市的态度上更是具备独特

性。他们渴望进入并融入城市社会,市民化意识增强,而自身条件、社会、经济及制度原因使其无法共享城市文明的成果,故过客意识增强,对城市抱有冷漠态度,最终游离于城市和农村的边缘。

因此,在对新生代农民工进行管理的过程中应该重视其在城市化进程中的重要作用,并针对其特点进行有效的制度设计及保障手段。

第一,建立城乡平等的劳动就业政策,为新生代农民工提供职业发展机会。稳定、体面和公正的就业条件是农村流动人口实现城市化的先决条件,也是他们实现城市融入的必要条件(高红,2009)。然而,目前我国现行的户籍制度及城市就业制度仍然在阻碍着新生代农民工在城市社会的发展,从农民到工人的职业变动并没有为他们带来社会地位的变迁。

第二,建立城乡统一的社会政策,为新生代农民工提供完善的权益保护机制。随着社会的发展和受教育水平的提高,所有群体的权益意识都会不断加强。在这种情况下,制定公正、平等的社会政策,为新生代农民工提供社会保护是非常必要的。以公民权为价值基础,构建农民工权益保护的社会政策体系,帮助他们消除经济、政治、社会权利等方面的社会排斥,促进他们融入城市社会,实现社会公平、正义。

第三,加强新生代农民工的心理疏导,加大心理健康的关注和投入。思想文化领域运行的规律就在于,先进的、健康的、文明的精神文化产品不去占领,落后的、愚昧的、低俗的东西就容易充斥甚至泛滥。单调、匮乏、消极的文化生活使新生代农民工无法提升素质、融入城市,而且还容易走向反面。由于生活经历相对简单,新生代农民工往往对现实过于理想化。他们对前途期望较高、成就感强,但心理比较脆弱。这一群体中有相当一部分人(特别是"90后")缺乏职业技能和工作经验,因此容易在求职和工作过程中遭遇挫折,这会使他们很快丧失信心。企业应根据这一群体的特点为年轻农民工提供必要的入职引导、工作技能培训和职场心理辅导和咨询,使他们尽快掌握工作技能,迅速进入工作角色,并正确对待职业发展中遇到的挫折,树立持久的职业信心。为他们提供更多的公平竞争环境和更多的职业发展机会,以发挥其个人专长和创造性,让其体会到成就感。

第九章 结 论

本书研究的实证分析，验证了我国劳动力市场的确存在一定程度的分割现象，而城乡因素、行业因素和性别因素都是造成分割的原因，但是其作用程度各有差异。

第一节 关于劳动力市场的城乡分割

（一）城乡收入差距一直存在并且有不断扩大的趋势

一直以来，城乡居民收入都存在着一定的差距。1990年之后，城乡居民之间的收入差距表现出逐步上升的趋势性特征。城乡居民收入比率从1997年的2.47上升到2010年的3.23，因此中国成为世界上城乡收入差距最大的国家之一。

（二）劳动者的个体特征因素是城乡收入差距产生的一个重要原因，其中教育的作用尤其突出

每一个劳动者具有不同的个体特征，这些个体特征在很大程度上决定了劳动者的收入水平。实证结果表明，婚姻状况、受教育程度、自评健康、性别等个体特征能够解释城乡居民收入差距的条件均值的52.9%，即用劳动者特征因素可以解释城乡收入差距的52.9%。其中，城市居民和农村居民在受教育水平上的差异可以解释两者收入差异的43.6%，虽然方程中没有包括职业、行业、

所有制等解释变量，但是这一结果仍然能够体现教育是收入差距产生的一个重要的原因。

（三）歧视是城乡收入差距产生的另一个重要原因

歧视存在于市场经济的很多方面，对农村劳动力的歧视是造成城乡居民收入差距的一个重要原因。实证结果显示，在城乡收入差距中由系数引起的差异，即不可解释部分占47.1%。这说明城乡居民收入差距问题在某些程度上是由歧视产生的，在排除了个体特征的影响之后，对于农村居民的歧视，解释了一部分的收入差距的产生，这一部分在理论上是不能够被接受的，也是造成社会不安全的一个因素。

实证结果表明，存在对农村居民个体特征上的歧视，即同样特征的劳动力，因为其城乡户籍不同获得的收入也会有所不同。另外城乡居民在很多不会体现在分解结果的方面也存在被歧视的现象。例如，财政上的教育支出差异等城乡教育投资差异，城乡师资力量差异等，城乡居民本身获得教育资源及质量是不同的，所以教育歧视的作用可能被低估。同样，在医疗方面也是一样，财政支出的差异以及城乡居民医疗保险意识的差别也可能使得这一因素的作用被低估。

第二节 劳动力市场的性别分割

（一）性别分割是我国劳动力市场上一直存在的一种现象，性别收入差距总体趋势在扩大

改革开放以来，我国市场经济体制逐渐建立和完善，效率优先的激励机制下性别收入差距逐渐拉开。1990年、2000年、2010年三个阶段点的条件均值分别为0.152、0.14、0.21，总体来说，男性与女性的收入差距具有不断扩大的趋势。男尊女卑的思想、女性自身的生理特征及较低人力资本水平等特征使得女性就业大多集中于收入水平比较低的卫生和社会服务部门，男性与女性之间既存在"同工不同酬"的现象，又存在女性难以进入高收入行业和职业的现象。

（二）男性与女性个体特征差异能够在一定程度上解释性别收入差异

男性与女性在受教育程度、健康状况、经验、在业状况等个体特征上存在差异，因此其收入也会存在一定的差异。2010年的实证分解结果表明，这些特征能够解释性别收入差异的77.2%，其中受教育程度、健康状况、在业状况分别解释了差距的3.5%、10.6%、63%，这些个体特征引起的收入差距是能够被接受的和理解的，即现性别收入差异在很大程度上是由于劳动者本身的人力资本水平引起的，是正常合理的范围。

（三）歧视仍然是造成性别收入差距的一个原因，但是对女性的歧视在逐步减弱

在中国特殊的文化环境下，对女性劳动力的歧视一直存在。1990年的实证分解结果表明，当时的劳动力市场上对女性的歧视是绝对的，到2000年，对女性的歧视仍然能够解释性别收入差异的57.7%，2010年状况有所改善，歧视的解释力度降低到22.8%。从2000年的实证结果看，对于女性的歧视存在于教育回报率中，女性教育回报率要低于男性，虽然到2010年这种状况有所改善，但是女性在获得教育的机会上还是比男性要低，而且女性很难进入高收入行业和职业，因此在教育方面女性仍然处于不利地位。

纵向来说，20年间对女性的歧视实现了从完全歧视、大部分歧视到部分歧视的转变，市场经济的发展使更多的女性得到认可，社会地位不断提高。女性更多地参与到社会工作中，社会对于女性的教育、健康、经验等的承认程度也不断地提高，甚至有时候超过男性，但是由于女性受教育程度仍然普遍较低，能够参与的行业和职业相对于男性来说还有很大的局限性，更多地进入低工资收入的职业、行业和所有制部门。另外，社会赋予女性更多的家庭责任，承担了生育、抚养孩子的主要责任，对女性的歧视随着经济发展在逐渐降低但是依然存在。

第三节 劳动力市场的行业分割

(一)行业工资差距是导致我国收入差距扩大的重要原因之一

目前我国劳动力市场行业工资差距在一定程度上反映了真实的个体差距,是有效率的,是劳动力市场化的体现,但还有一部分差距是行政干预造成行业分割引起的,这一部分差距不但不能体现公平反而伤及效率。社会主义市场经济的发展必须在保障经济增长效率的同时考虑市场公平,行业工资差距在体现效率的同时,应当兼顾公平,尤其需要抹平的是工资差距中无效率、低效率和歧视的部分。

(二)劳动者的个体特征对行业工资差异影响显著

不同行业劳动者的工资水平在一定程度上能够反映个体特征的差异。其中,在控制了性别、工作经验等其他因素后,劳动者的私人教育收益率为15.1%;在控制了行业特征后,劳动者的私人收益率为12.4%,这说明,劳动者的私人收益,与人力资本投资的多寡相关,是合理的、有效率的市场配置的结果。但需要注意的是,相同的受教育程度,在不同的行业,可能会表现为不同的收入状况,这是劳动力市场存在分割的重要表现。

(三)行政垄断是我国劳动力市场行业分割的主要成因

行政垄断因素干扰了劳动者个人特征在劳动力市场上的行业收益分配,以吉林省为例的实证结果说明,吉林省的经济发展中缺乏竞争机制,劳动力市场存在行业分割。行政垄断行业中的蓝领劳动者平均收益显著高于新兴行业的蓝领(0.219>0.184),也高于竞争行业的白领(0.219>0.202),这说明在吉林省行业工资差异中,个人特征对行业工资回报的影响要小于行业特征对其工资回报的影响,行政垄断对行业分割影响很大。

（四）行业特征对行业工资差异有显著影响

劳动力个体特征总水平即人力资本外部性在一定程度上扩大了吉林省行业工资的差异。劳动者在高新技术行业的聚集促进了行业"学习效应"的增强，容易形成知识外溢等正向影响，从而导致行业收入差距的扩大，另外，在行业存在行政垄断的基础上，行政垄断部门中重视劳动者教育程度的逐渐提高，也会造成行业工资差距的扩大，总体上看，这种差距的扩大能够反映行业劳动生产率，是一种效率提高的体现，但也客观上扩大了行业工资差距。

第四节 大学生就业与劳动力市场分割

（一）大学生就业难的问题成因复杂

首先，大学扩招是大学生就业难最为直观且重要的原因，扩招导致的供求非均衡增长，带来了大学生就业市场的供给过剩，给大学生就业带来了总量上的压力；其次，大学生就业取向，导致其在就业市场过度追求一级劳动力市场，造成了大学生就业的结构性压力，劳动力市场分割加剧了大学生就业难的问题。

（二）大学生就业的工资水平因劳动力市场条件而异

首先，大学生就业在一级市场的拥挤效应显著，供给的过度增加导致大学生在一级市场就业工资水平较难提高，且其就业问题也只能依赖经济增长的就业带动效应；其次，在二级劳动力市场虽然接近于完全竞争状态，但是大学生在二级市场的工资因其市场水平决定了就业工资低于一级市场，大学生无法在二级市场得到充分的教育回报；最后，信息不对称造成在大学生就业市场存在着"劣币驱逐良币"的机制，使大学生初始就业工资水平均衡在"较差的"水平，同时造成大学生"考证泛滥"现象。

（三）大学生就业难引起的社会效应

首先，大学扩招造成一定程度的过度教育，过度教育造成社会有限资源的浪费，并且降低社会人力资本的产出效率；其次，大学生过度拥挤在城市一级劳动力市场，就业流动性差，容易形成社会分层，并且在区域上造成不平衡；最后，大学生就业难造成很多普通家庭承担了教育产业化和大众化的社会和经济成本，在就业问题上形成了起点不公和收入上的待遇不公，社会公平问题影响到资源利用效率。

第五节 农民工就业与劳动力市场分割

（一）农民工是我国二元经济发展进程中出现的特殊群体

农民工户籍在农村，但其工作就业在城市，身份的二元性使其在劳动力市场中面临许多特殊的境遇和问题。

（二）劳动力市场分割下农民工就业存在障碍

首先，户籍制度造成农民工就业身份障碍，因为我国的户口管理制度将户籍分为城市和农村，二者之间长期不可以自由转换，劳动力城乡之间的流动受到严格限制，形成了城乡劳动力市场分割的制度根源。其次，受教育程度和工作技能制约农民工就业，农民工突破户籍制约、改变身份属性的主要途径是接受高等教育，但是农民工自身的文化程度大多处于高中以下的水平，不仅自身的人力资本水平较低，同时其掌握的专业技能不够充分，导致其多数处于二级劳动力市场中；但是农民工在我国城镇化进程中承担重要角色，其在我国劳动力市场一体化的发展过程中作用突出，新生代农民工的生存与发展值得关注。

参 考 文 献

白彦，吴言林. 2010. 人力资本的双重外部效应对产业转移的影响分析——为什么大规模产业转移没有出现[J]. 江淮论坛，6：31-37，88.
卞小娇. 2010. 城市居民收入与教育回报率性别差异的实证研究[D]. 天津大学硕士学位论文.
蔡昉. 1998. 城市劳动力市场的分割与就业体制转换的难点[J]. 经济研究参考，45：39-40.
蔡昉. 2003. 城乡收入差距与制度变革的临界点[J]. 中国社会科学，5：16-25，205.
蔡昉. 2004. 中国就业统计的一致性：事实和政策涵义[J]. 中国人口科学，3：4-12，81.
蔡昉. 2005. 农村剩余劳动力流动的制度性障碍分析——解释流动与差距同时扩大的悖论[J]. 经济学动态，1：35-39，112.
蔡昉，王德文. 2003. 作为市场化的人口流动——第五次全国人口普查数据分析[J]. 中国人口科学，5：15-23.
蔡昉，王美艳. 2004. 正规就业与劳动力市场发育——解读中国城镇就业增长[J]. 经济学动态，2：24-28.
蔡昉，杨涛. 2000. 城乡收入差距的政治经济学[J]. 中国社会科学，4：11-22，204.
蔡继明. 1998. 中国城乡比较生产力与相对收入差别[J]. 经济研究，1：13-21.
蔡敬梅. 2013. 我国行业收入差距实证研究[J]. 江西财经大学学报，4：36-47.
曹星，岳昌君. 2010. 我国高校毕业生就业状况性别差异研究[J]. 高等教育研究，1：68-72.
曹裕，陈晓红，马跃如. 2010. 城市化、城乡收入差距与经济增长——基于我国省级面板数据的实证研究[J]. 统计研究，3：29-36.
柴国俊. 2011. 市场化改革中的大学毕业生性别工资差异及歧视[J]. 南方经济，3：3-15.
陈斌开，林毅夫. 2013. 发展战略、城市化与中国城乡收入差距[J]. 中国社会科学，4：81-102，206.
陈斌开，杨依山，许伟. 2009. 中国城镇居民劳动收入差距演变及其原因：1990—2005[J]. 经济研究，12：30-42.
陈斌开，张鹏飞，杨汝岱. 2010. 政府教育投入、人力资本投资与中国城乡收入差距[J]. 管理世界，1：36-43.
陈建安. 1999. 日本的经济发展与劳动问题[M]. 上海：上海财经大学出版社.
陈良焜，鞠高升. 2004. 教育明瑟收益率性别差异的实证分析[J]. 北京大学教育评论，3：40-45.
陈涛. 2014. 不同分类下行业收入差距影响因素分析[J]. 科技与经济，2：101-105.
陈享光，孙科. 2014. 我国行业间工资差距的动态考察[J]. 中国人民大学学报，2：64-72.
陈钊，陆铭，佐藤宏. 2009. 谁进入了高收入行业？——关系、户籍与生产率的作用[J]. 经济研究，10：121-132.
陈宗胜. 1991. 库兹涅茨倒 U 理论统计检验评析[J]. 上海社会科学院学术季刊，2：51-59.
陈宗胜，周云波. 2001a. 体制改革对城镇居民收入差别的影响——天津市城镇居民收入分配差别再研究[J]. 中国社会科学, 6: 54-62, 205.
陈宗胜, 周云波. 2001b. 非法非正常收入对居民收入差别的影响及其经济学解释[J]. 经济研究, 4: 14-23, 57-94.
迟巍. 2008. 中国城市性别收入差距研究[J]. 统计研究, 8: 54-58.
邓峰, 丁小浩. 2012. 人力资本、劳动力市场分割与性别收入差距[J]. 社会学研究, 5: 24-46, 243.
邓旋. 2011. 财政支出规模、结构与城乡收入不平等——基于中国省级面板数据的实证分析[J]. 经济评论, 4: 63-69.
丁志国, 赵宣凯, 赵晶. 2011. 直接影响与空间溢出效应: 我国城市化进程对城乡收入差距的影响路径识别[J]. 数量经济技术经济研究, 9: 118-130.
都阳, 蔡昉. 2004. 中国制造业工资的地区趋同性与劳动力市场一体化[J]. 世界经济, 8: 42-49.
高红. 2009. 公民权视域下农民工权益保护的社会政策支持[J]. 南京师大学报(社会科学版), 5: 25-32.
辜胜阻. 1996. 如何缩小社会成员收入差距[J]. 经济研究参考, Z4: 43-44.
管晓明. 2007. 中国居民收入差距分析——一种新方法及其实证测算[J]. 山西财经大学学报, 3: 32-37.
管晓明, 李云娥. 2007. 行业垄断的收入分配效应——对城镇垄断部门的实证分析[J]. 中央财经大学学报, 3: 66-70.
郭凤鸣. 2011. 中国城镇劳动力市场中性别工资差异的经验研究[D].吉林大学博士学位论文.
郭剑雄. 2005. 人力资本、生育率与城乡收入差距的收敛[J]. 中国社会科学, 3: 27-37, 205.
国家统计局农调总队课题组. 1994. 城乡居民收入差距研究[J]. 经济研究, 12: 34-45.
何立胜, 黄灿. 2011. 城乡统筹的路径选择: 实现农村人口迁移与土地流转[J]. 贵州财经学院学报, 2: 87-93.
贺光烨, 吴晓刚. 2015. 市场化、经济发展与中国城市中的性别收入不平等[J]. 社会学研究, 1: 140-165, 245.
胡晶晶. 2013. 改革开放以来中国城乡居民收入差距研究[M]. 北京: 人民出版社.
黄爱军. 1999. 一个无需回避的话题——两极分化[J]. 经济体制改革, 4: 23-26, 134.
黄燕萍, 刘榆, 吴一群, 等. 2013. 中国地区经济增长差异: 基于分级教育的效应[J]. 经济研究, 4: 94-105.
黄志岭, 姚先国. 2009. 教育回报率的性别差异研究[J]. 世界经济, 7: 74-83.
惠宁, 郭淑娟. 2012. 行业垄断与行业收入差距研究[J]. 山西财经大学学报, 8: 21-30.
金玉国. 2005. 工资行业差异的制度诠释[J]. 统计研究, 4: 10-15.
靳卫东. 2006. 公共财政政策、人力资本投资与收入差距[J]. 经济体制改革, 5: 15-19.
靳卫东. 2011. 我国收入差距的成因与演变: 基于人力资本视角的分析[M]. 北京: 人民出版社.
赖德胜. 1996a. 论劳动力市场的制度性分割[J]. 经济科学, 6: 19-23.
赖德胜. 1996b. 分割的劳动力市场理论评述[J]. 经济学动态, 11: 65-67.
赖德胜. 2001. 欧盟一体化进程中的劳动力市场分割[J]. 世界经济, 4: 49-57.
李春玲, 李实. 2008. 市场竞争还是性别歧视——收入性别差异扩大趋势及其原因解释[J]. 社会学研究, 2: 94-117, 244.
李实. 2000. 对收入分配研究中几个问题的进一步说明——对陈宗胜教授评论的答复[J]. 经济

研究，7：72-76.
李实，马欣欣. 2006. 中国城镇职工的性别工资差异与职业分割的经验分析[J]. 中国人口科学，5：2-13，95.
李实，岳希明. 2004. 中国城乡收入差距调查[J]. 乡镇论坛，8：21-22.
李实，赵人伟. 1999. 中国居民收入分配再研究[J]. 经济研究，4：5-19.
李实，赵人伟. 2006. 收入差距还会持续扩大吗[J]. 中国改革，7：44-46.
李实，佐藤宏，史泰丽，等. 2013. 中国收入差距变动分析：中国居民收入分配研究IV[M]. 北京：人民出版社.
李宪印. 2011. 城市化、经济增长与城乡收入差距[J]. 农业技术经济，8：50-57.
厉以宁. 2008. 论城乡二元体制改革[J]. 北京大学学报（哲学社会科学版），45（2）：5-11.
林峰. 2014. 行业内部收入差距及其根源探究——基于行政垄断型行业和竞争性行业上市公司的微观数据[J]. 软科学，5：70-74.
林毅夫. 2012. 解读中国经济[M]. 北京：北京大学出版社.
林毅夫，刘明兴. 2003. 中国的经济增长收敛与收入分配[J]. 世界经济，8：3-14，80.
凌继全，毛雁冰. 2012. 行业垄断、异质性人力资本与服务业工资差距：14个行业样本[J]. 改革，11：135-143.
刘建徽，张明，张芳芳，等. 2012. 财政支出缩小城乡居民收入差距的效率研究[J]. 农业技术经济，9：52-59.
刘泽云，赵佳音. 2014. 教育对地区性别工资差异的影响——基于地市级数据的分析[J]. 北京师范大学学报（社会科学版），2：123-131.
娄世艳，程庆亮. 2009. 城镇居民收入与教育收益率性别差异成因研究[J]. 人口与经济，3：13-19.
卢嘉瑞. 2003. 现阶段城市各阶层及其收入差距研究[J]. 河北经贸大学学报，1：11-18.
陆铭，陈钊. 2004. 城市化、城市倾向的经济政策与城乡收入差距[J]. 经济研究，6：50-58.
路明，何嘉平，闫志民，等. 2005. 打比较优势牌，走城市转型路[J]. 人民论坛，12：34-36.
吕康银，王文静. 2008. 我国行业间工资差异的测度与分解[J]. 求索，7：24-26.
马骊. 2009. 我国行业收入差距的测度指标体系构建[J]. 统计与决策，2：36-37.
孟昕，黄少卿. 2001. 中国城市的失业、消费平滑和预防性储蓄[J]. 经济社会体制比较，6：40-50.
宁光杰. 2011. 中国的工资性别差距及其分解——性别歧视在多大程度上存在?[J]. 世界经济文汇，2：19-34，86.
潘明星，黄梓洋. 2004. 实现收入公平分配的税制研究[J]. 山东社会科学，3：83-86.
彭树宏. 2014. 中国行业工资不平等：基于细分行业的考察[J]. 劳动经济评论，1：83-94.
亓寿伟，刘智强. 2009. "天花板效应"还是"地板效应"——探讨国有与非国有部门性别工资差异的分布与成因[J]. 数量经济技术经济研究，11：63-77.
卿石松，郑加梅. 2013. 专业选择还是性别歧视?——男女大学生起薪差距成因解析[J]. 经济学（季刊），3：1007-1026.
任重. 2009. 教育、医疗公共品供给与城乡收入差距的关系研究[D]. 南开大学博士学位论文.
汝信，陆学艺，单天伦，等. 2002. 社会发展进程步入全新的开放阶段——2001—2002年：中国社会形势分析与预测总报告[J]. 管理世界，1：17-26.
沈坤荣，张璟. 2007. 中国农村公共支出及其绩效分析——基于农民收入增长和城乡收入差距的经验研究[J]. 管理世界，1：30-40，171-172.

史密斯 E B. 2007. 现代劳动经济学[M]. 第六版. 刘昕译. 北京：中国人民大学出版社.
宋冬林. 1995. 我国现阶段收入分配问题分析及其理论思考[J]. 财经问题研究，8：12-18.
宋洪远，黄华波，刘光明. 2002. 关于农村劳动力流动的政策问题分析[J]. 管理世界，5：55-65，87-153.
宋锦，李实. 2013. 小城镇户籍制度改革对劳动力市场职业分割的影响[J]. 中国农村经济，10：4-16.
孙敬水，于思源. 2014. 行业收入差距影响因素及其贡献率研究——基于全国19个行业4085份问卷调查数据分析[J]. 山西财经大学学报，2：16-26.
孙宁华，堵溢，洪永淼. 2009. 劳动力市场扭曲、效率差异与城乡收入差距[J]. 管理世界，9：44-52，187.
谭远发. 2012. 中国大学毕业生性别工资差距分布特征研究——"天花板效应"还是"粘地板效应"?[J]. 人口学刊，6：51-63.
陶然，刘明兴. 2007. 中国城乡收入差距、地方政府开支及财政自主[J]. 世界经济文汇，2：1-21.
王德文，吴要武，蔡昉. 2004. 迁移、失业与城市劳动力市场分割——为什么农村迁移者的失业率很低?[J]. 世界经济文汇，1：37-52.
王美艳. 2005. 中国城市劳动力市场上的性别工资差异[J]. 经济研究，12：35-44.
王美艳，蔡昉. 2008. 户籍制度改革的历程与展望[J]. 广东社会科学，6：19-26.
王倩. 2013. 我国垄断行业高收入形成机制及租金耗散过程分析[J]. 华东经济管理，9：55-58.
王晴锋. 2010. 农民工集体行动因素分析[J]. 中国农业大学学报（社会科学版），2：51-62.
王少国. 2007. 我国城乡收入差别对居民总收入差别的影响[J]. 财经科学，1：75-80.
王少国，王镇. 2009. 中国城乡收入差距适度水平的经济效率分析[J]. 南开经济研究，6：138-148.
王震. 2010. 基于分位数回归分解的农民工性别工资差异研究[J]. 世界经济文汇，4：51-63.
王忠，李彩燕. 2011. 中国行业间工资差距变化及趋势研究——基于微观数据的分析视角[J]. 财经问题研究，8：72-77.
吴愈晓，吴晓刚. 2009. 城镇的职业性别隔离与收入分层[J]. 社会学研究，4：88-111，244.
武鹏，周云波. 2011. 行业收入差距细分与演进轨迹：1990~2008[J]. 改革，1：52-59.
萧灼基. 2006a. 高度重视收入差距的扩大正确处理公平与效率的关系[J]. 经济界，3：4-5.
萧灼基. 2006b. 提高低收入者收入水平缩小社会收入差距[J]. 经济纵横，1：16-17.
谢子平，宋洪远. 2005. 农村贫困特征、类型及其形成机理——山西两县两村100个农户的调查[J]. 红旗文稿，21：27-31.
熊广勤，张卫东. 2010. 教育与收入分配差距：中国农村的经验研究[J]. 统计研究，11：40-46.
徐林清，孟令国. 2006. 国有企业多重委托代理结构中的合谋现象研究[J]. 广东社会科学，1：33-36.
徐舒. 2010. 技术进步、教育收益与收入不平等[J]. 经济研究，9：79-92，108.
许涛，张根福. 2014. 市场化改革、性别歧视与男女性别收入差距[J]. 浙江社会科学，5：90-97，158-159.
薛继亮，李录堂. 2010. 基于MLD指数的转型期中国行业收入差距及其影响因素研究[J]. 中国人口科学，4：46-53，111.
杨灿明，胡洪曙，施惠玲. 2003. 农民国民待遇与制度伦理分析——兼论"三农"问题的解决对策[J]. 中南财经政法大学学报，5：29-34，53-142.

杨菊华. 2010. 新生代流动人口的认识误区[J]. 人口研究，2：44-53，55-56.
杨钋，程飞. 2012. 教育、行业分割与性别收入差异——基于中国大学生就业调查的分析[J]. 北京大学教育评论，3：95-113，190.
杨瑞龙，杨其静. 2001. 专用性、专有性与企业制度[J]. 经济研究，3：3-11，93.
杨云彦，陈金永，刘塔. 2001. 外来劳动力对城市本地劳动力市场的影响——"武汉调查"的基本框架与主要发现[J]. 中国人口科学，2：52-58.
姚先国，黄志岭. 2008. 职业分割及其对性别工资差异的影响——基于2002年中国城镇调查队数据[J]. 重庆大学学报（社会科学版），2：53-58.
姚先国，黄志岭，苏振华. 2006. 家庭背景与教育回报率——基于2002年城镇住户调查数据[J]. 中国劳动经济学，4：19-29.
姚耀军. 2005. 金融发展、城市化与城乡收入差距——协整分析及其Granger因果检验[J]. 中国农村观察，2：2-8，80.
伊兰伯格R G，史密斯R S. 2007. 劳动经济学：理论和公共政策[M]. 潘功胜，刘昕译. 北京：中国人民大学出版社.
于良春，菅敏杰. 2013. 行业垄断与居民收入分配差距的影响因素分析[J]. 产业经济研究，2：31-39.
袁青川. 2015. 工会覆盖效应与工会会员效应下的工资分布研究——来自2012年雇员雇主匹配数据的经验[J]. 商业经济与管理，8：32-43.
岳希明，李实，史泰丽. 2010. 垄断行业高收入问题探讨[J]. 中国社会科学，3：77-93，221-222.
曾国平，王韧. 2011. 二元结构、经济开放与中国收入差距的变动趋势[J]. 数量经济技术经济研究，10：15-25.
张丹丹. 2004. 市场化与性别工资差异研究[J]. 中国人口科学，1：34-43，81.
张春玲. 2005. 当代中国社会的声望分层——职业声望与社会经济地位指数测量[J]. 社会学研究，（2）：74-102.
张冬平，郭震. 2013. 我国工资水平差距分析：歧视性工资现象[J]. 华南农业大学学报（社会科学版），4：95-104.
张红宇，张海阳，李伟毅，等. 2013. 当前农民增收形势分析与对策思路[J]. 农业经济问题，4：9-14.
张建辉，靳涛. 2011. 转型式经济增长与城乡收入差距：中国的经验（1978—2008）[J]. 中国工业经济，7：79-86.
张克俊. 2005. 我国城乡居民收入差距的影响因素分析[J]. 人口与经济，6：52-56.
张世银，龙莹. 2010. 我国收入差距扩大的影响因素及其实证分析——以行业收入变动为视角[J]. 经济经纬，4：20-24.
张维达，宋冬林. 1995. 社会主义市场经济条件下的市场公平与社会公平[J]. 经济研究，8：45-49，68.
张翼. 2010. 社会保障对中国城乡收入差距影响的初步研究[J]. 经济与管理，6：20-23.
张原. 2011. 中国行业垄断的收入分配效应[J]. 经济评论，4：54-62，123.
张展新. 2004. 劳动力市场的产业分割与劳动人口流动[J]. 中国人口科学，2：47-54，82.
张志，许善达，吴敬琏，等. 2006. 收入分配差距为何越拉越大?[J]. 小康，8：38-41，94.
赵满华，窦文章. 1997. 我国农村居民收入变化的几个特征[J]. 生产力研究，6：15-17，35.

赵人伟，李实. 1999. 中国居民收入差距的原因分析[J]. 会计之友，12：33-36.

周峰，徐翔. 2006. 城乡收入差距影响因素的理论与实证研究[J]. 华南农业大学学报（社会科学版），3：18-24.

周云波. 2009. 城市化、城乡差距以及全国居民总体收入差距的变动——收入差距倒 U 形假说的实证检验[J]. 经济学（季刊），4：1239-1256.

Abe Y. 2010. Equal employment opportunity law and the gender wage gap in Japan: a cohort analysis[J]. Journal of Asian Economics, 21（2）：142-155.

Becker G S. 1957. The Economics of Discrimination[M]. 2d ed. Chicago: University Of Chicago Press.

Becker G S. 1962. Investment in human capital: atheoretical analysis[J]. Investment in Human Beings, 70（5）：9-49.

Becker G S. 1971. The Economics of Discrimination[M]. Chicago: University of Chicago Press.

Black S E, Strahan P E. 2001. The division of spoils: rent-sharing and discrimination in a regulated industry[J]. American Economic Review, 91（91）：814-831.

Cain G G. 1976. The challenge of segment labor market theories to orthodox theory[J]. Journal of Economic Literature, 14（4）：1215-1257.

Charles M, Grusky D B. 2004. Occupational Ghettos: The Worldwide Segregation of Women and Men[M]. Stanford: Stanford University Press.

Dickens W T, Lang K A. 1985. Test of dual labor market[J]. American Economic Review, 75（4）：792-805.

Domanski H. 1990. Dynamics of labor market segmentation in Poland[J]. Social Forces, 69（2）：423-438.

Doeringer P, Piore M. 1971. Internal Labor Markets and Manpower Analysis[M]. Lexington: D, C.Heath.

Freeman R. 1976. The Overeducated American[M].

Gindling T H. 1991. Labor market segmentation and the determination of wages in the public, private- formal, and informal sectors in San José, Costa Rica[J]. Economic Development and Cultural Change, 39（3）：585-605.

Gottfries N, McCormick M. 1995. Discrimination and open unemployment in a segmented labor market[J]. European Economic Review, 39（1）：1-15.

Gustafsson B, Li S. 2000. Economic transformation and the gender earnings gap in urban China[J]. Journal of Population Economics, 13（2）：305-329.

Hauser S M, Xie Y. 2005. Temporal and regional variation in earnings inequality: urban China in transition between 1988 and 1995[J]. Social Science Research, 34（1）：44-79.

Khan A R, Riskin C. 2001. Inequality and Poverty in China in the Age of Globalization[M]. Oxford: Oxford University Press.

Kruger C, Summers M.1988. Primary school teachers' understanding of science concepts[J]. Journal of Education for Teaching, 14（3）：259-265.

Lester R. 1951. Labor and Industrial Relations[M]. New York: Macmillan.

Lester R A. 1952. A range theory of wage differentials [J]. Industrial & Labor Relations Review, 5：

483.

Li H. 2003. Economic transition and returns to education in China[J]. Economics of Education Review, 22（3）: 317-328.

Li S, Gustafsson B. 2008. Unemployment, earlier retirement, and changes in the gender income gap in urban China over 1995—2002[J]. Inequality and Public Policy in China, 48（4）: 243-266.

Lindbeck A, Sonwer D J. 1986. Wage setting, unemployment and insider-outsider relations[J]. American Economic Review, 76（2）: 235-239.

Liu P W, Meng X, Zhang J. 2000. Sectoral gender wage differentials and discrimination in the transitional Chinese economy[J]. Journal of Population Economics, 13（2）: 331-352.

Lucas R E. 1988. On the mehanics of economic development[J]. Journal of Monetary Economics, 22（1）: 3-42.

Maddison A. 2007. Chinese economic performance in the long run[R].

Majumdar S, Mani A, Mukand S W. 2004. Politics, information and the urban bias[J]. Journal of Development Economics, 75（1）: 137-165.

Matsuyama K. 2000. Endogenous inequality[J]. The Review of Economic Studies, 7（4）: 743-759.

Maurer-Fazio M, Rawski T G, Zhang W. 1999. Inequality in the rewards for holding up half the sky: gender wage gaps in China's urban labour market, 1988—1994[J]. The China Journal, （41）: 55-88.

Mazumdar D. 1983. Segmented labor markets in LDCs[J]. American Economic Review, 73（2）: 254-259.

McNabb R. 1987. Testing for labor market segmentation in Britain[J]. The Manchester School, 55（3）: 257-273.

McNabb R, Psacharopoulos G. 1981. Further evidence on the relevance of the dual labour markett heory for UK[J]. Journal of Human Resources, 15（3）: 442-448.

McNabb R, Whitfield K. 1998. Testing for segmentation: an establishment-level analysis[J]. Cambridge Journal of Economics, 22（3）: 347-365.

Meng X. 1998. Male-female wage determination and gender wage discrimination in China's rural industrial sector[J]. Labour Economics, 5（1）: 67-89.

Mincer J.1974. Schooling, experience, and earnings[J]. Human Behavior & Social Institutions, （2）: 738-742.

Montgomery M, Powell I. 2003. Does an advanced degree reduce the gender wage gap?Evidence from MBAs[J]. Industrial Relations: A Journal of Economy and Society, 42（3）: 396-418.

Orr D V. 1997. An index of segmentation in local labour markets[J]. International Review of Applied Economics, 2: 229-247.

Park A, Sehrt K. 2001. Tests of financial intermediation and banking reform in China[J]. Journal of Comparative Economics, 29（4）: 608-644.

Peoples J H, Talley W K. 2001. Black-white earnings differential: privatization versus deregulation[J]. American Economic Review Papers and Proceedings, 91（5）: 164-168.

Psacharopoulos G. 1978. Labour market duality and income distribution: the case of the UK[A]//Krelle W, Shorrocks A F. Personal Income Distribution[M]. Amsterdam:

North-Holland.

Roberts K D. 2000. Chinese labor migration: insights from Mexican undocumented migration to the United States[R]. Rural Labor Flows in China, Institute of East Asian Studies, University of California, Berkeley, 2000: 179-230.

Ryan P. 1984. Segmentation, duality and the internal labor market[A]//Wilkinson F.The Dynamics of Labor Market Segmentation[M]. London: Academic Press.

Sakellariou C N. 1995. Human Capital and Industry Wage Structure in Guatemala[R]. The World Bank Policy Research Working Paper.

Schultz T W. 1978. On economics and politics of agriculture[J]. Bulletin of the American Academy of Arts and Sciences, 32 (2): 10-31.

Shapiro C, Stiglitz J. 1984. Equilibrium unemployment as a worker discipline device[J]. American Economic Review, 74 (3): 433-444.

Shi X. 2002. Empirical research on urban-rural income differentials: the case of China[J]. Unpublished Manuscript, CCER, Peking University.

Sloane P J, Murphy P D, Theodossiou I, et al. 1995. Labour marketsegmentation: a local labor market analysis using alternative app roaches[J]. Applied Economics, 25 (5): 569-581.

Smith T E, Zenou Y. 1997. Dual labor markets, urban unemployment and multicentric cities[J]. Journal of Economic Theory, 76 (1): 185-214.

Solinger D J. 1999. Citizenship issues in China's internal migration: comparisons with Germany and Japan[J]. Political Science Quarterly, 114 (3): 455-478.

Solow R M. 1986. Insiders and outsiders in wage determination[M]//Trade Unions, Wage Formation and Macroeconomic Stability. Palgrave Macmillan UK: 269-286.

Townsend R M, Ueda K. 2006. Financial deepening, inequality, and growth: a model-based quantitative evaluation[J]. The Review of Economic Studies, 73 (1): 251-293.

Wei S J. 1997. Why is corruption so much more taxing than tax? Arbitrariness kills[R]. National Bureau of Economic Research.

Winter-Ebmer R. 1994. Endogenous growth, human capital, and industry wages[J]. Bulletin of Economic Research, 46 (4): 289-314.

Zhu L. 2005. Public service provision and poverty reduction in rural tibet[J]. China & World Economy, 13 (3): 56-71.

后　　记

在关于中国改革发展的学术研究中，许多学者对弱势群体在改革中的状况给予了富有悲悯情怀的理性研究，这启发了笔者对收入公平、财产差距、弱势群体就业及灵活就业等问题展开思考，并在研究工作中体会了人生价值和心灵快乐。

本书是笔者在专业研究领域思考和探索的一个时段的缩影。从博士论文时期开始关注我国产品市场分割，探索产品市场分割导致市场配置效率降低及区域市场的利益分配问题，逐渐意识到产品市场的结构性矛盾根源于各要素市场的完善程度，尤其体现在劳动力市场的分割演变过程中。劳动力市场分割体现在城乡间、区域间、行业间及性别间等多个维度，这种分割不仅表现在收入差距（结果公平问题），还体现在就业机会的获得（起点公平问题），分割导致了劳动力市场从起点到结果的一系列的歧视和市场低效率。研究要素市场分割问题，不仅仅有助于认识要素市场的发展现状及演变规律，同时也从根源角度有助于全面理解产品市场的发展和完善进程。

专业学术研究及对我国改革实践的探索都应遵循一定的发展规律和认识规律，本书是从产品市场分割延伸到对要素市场分割的研究。在对劳动力市场的研究中，从劳动力的收入差距，到对差距结构的分解；从劳动收入差距到财产差距；从财富差距到差距的代际传递，本书衍生了诸多有价值的后续研究工作，这些研究将我国居民的劳动收入与财产性收入相结合，从静态到动态，更加多维度且全面地反映在我国市场化进程中居民收入的变化及其形成演变机理。

在这些有趣而沉重、现实又积极的研究工作中，不仅有政府和社会对现实问题持续改善的努力，也有诸多志同道合的陌生学者共同探索和呼吁。在日益繁荣而持续的研究中，不仅对中国改革进程中的经济现实认识更加深入，而且对中国市场化改革的实践也更加有效和完善。感谢同行学者所做的卓越研究，感谢本书所涉及的所有数据库的建设者，感谢在本书中所有引注文献资料的作者。

我国收入差距和劳动力市场建设问题任重而道远,但是积极关注,善良体会,并持续探索,定会以学术研究的绵薄之力汇聚成推动改革的涓涓细流,完善我国劳动力市场机制,实现效率与公平。